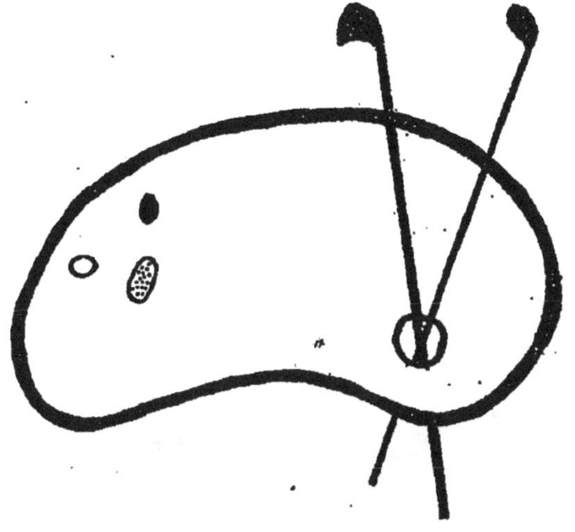

DÉBUT D'UNE SERIE DE DOCUMENTS
EN COULEUR

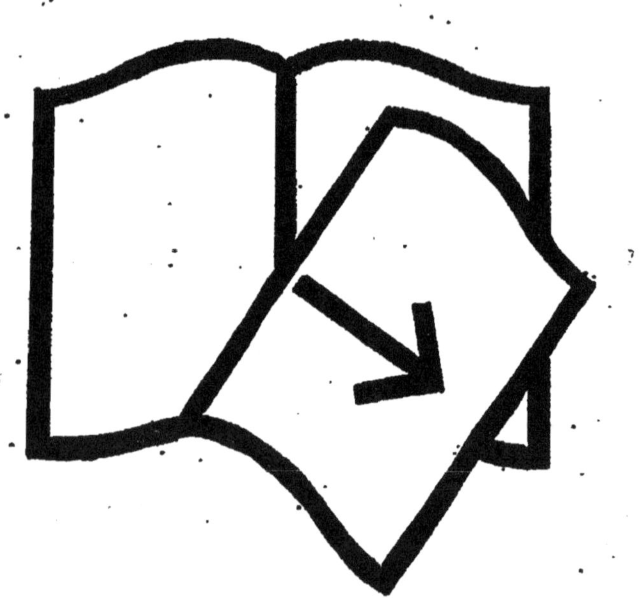

Couverture inférieure manquante

SCIENCE ET RELIGION
Études pour le temps présent

64

CE QUE LE CHRISTIANISME

A FAIT POUR

LA FEMME

PAR

Gabriel d'AZAMBUJA

PARIS
LIBRAIRIE BLOUD ET BARRAL
4, RUE MADAME ET RUE DE RENNES, 59

1899

SCIENCE ET RELIGION

Etudes pour le temps présent. — Prix 0 fr. 60 le vol.

— **Certitudes scientifiques et Certitudes philosophiques,** par le R. P. DE LA BARRE, S. J., prof. à l'Institut catholique de Paris. 1 vol.

— *Du même auteur :* **L'Ordre de la nature et le Miracle.** 1 vol.

— **L'Ame de l'homme,** par J. GUIBERT, supérieur du séminaire de l'Institut catholique de Paris. 1 vol.

— **Faut-il une religion ?** par l'abbé GUYOT. 1 vol.

— *Du même auteur :* **Pourquoi y a-t-il des hommes qui ne professent aucune religion ?** 1 vol.

— **Nécessité scientifique de l'existence de Dieu,** par P. COURBET 1 vol.

— *Du même auteur :* **Jésus-Christ est Dieu.** 1 vol.

      id.   **Convenance scientifique de l'Incarnation.** 1 vol.

— **Etudes sur la pluralité des mondes habités et le dogme de l'Incarnation,** par le R. P. ORTOLAN.

   I. — *L'Epanouissement de la vie organique à travers les plaines de l'infini.* 1 vol.

   II. — *Soleils et terres célestes.* 1 vol.

   III. — *Les Humanités astrales et l'Incarnation.* 1 vol.

— *Du même auteur :* **La Fausse Science contemporaine et les Mystères d'Outre-tombe.** 1 vol.

      id.   **Vie et Matière ou Matérialisme et Spiritualisme en présence de la Cristallogénie.** 1 vol.

      id.   **Matérialistes et Musiciens.** 1 vol.

— **L'Au-delà ou la Vie future d'après la foi et la science,** par l'abbé J. LAXENAIRE. 1 vol.

— **Le Mystère de l'Eucharistie. — Aperçu scientifique,** par l'abbé CONSTANT. 1 vol.

— *Du même auteur :* **Le Mal,** sa nature, son origine, sa réparation. 1 vol.

— **L'Eglise catholique et les Protestants,** par G. ROMAIN. 1 vol.

— *Du même auteur :* **L'Inquisition,** son rôle religieux, politique et social. 1 vol.

— **Mahomet et son œuvre,** par I. L. GONDAL, professeur d'apologétique et d'histoire au séminaire Saint-Sulpice. 1 vol.

— *Du même auteur :* **L'Eglise Russe.** 1 vol.

— **Christianisme et Bouddhisme** (*Etudes orientales*), par l'abbé THOMAS, vicaire général de Verdun. 2 vol.

— *Du même auteur :* **Dieu auteur de la vie.** 1 vol.

      id.   **La Fin du monde d'après la Foi.** 1 vol.

— **Où en est l'hypnotisme,** son histoire, sa nature et ses dangers, par A. JEANNIARD DU DOT, auteur du *Spiritisme dévoilé.* 1 vol.

— *Du même auteur :* **Où en est le Spiritisme.** 1 vol.

      id.   **L'Hypnotisme et la science catholique.** 1 vol.

      id.   **L'Hypnotisme transcendant en face de la philosophie chrétienne.** 1 vol.

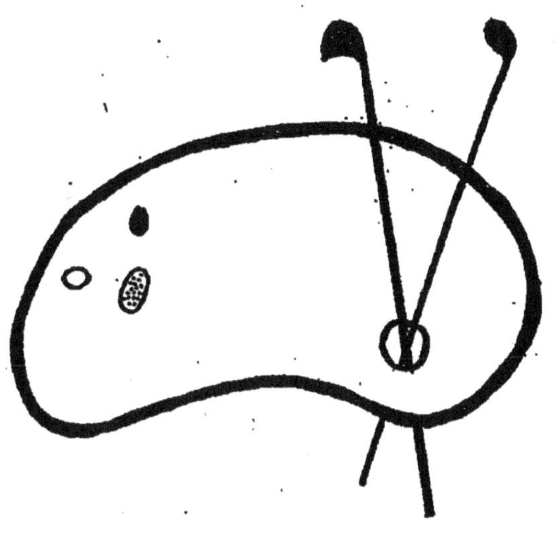

FIN D'UNE SERIE DE DOCUMENTS
EN COULEUR

SCIENCE ET RELIGION

Études pour le temps présent

CE QUE LE CHRISTIANISME

A FAIT POUR

LA FEMME

PAR

Gabriel d'AZAMBUJA

PARIS

LIBRAIRIE BLOUD ET BARRAL

4, RUE MADAME ET RUE DE RENNES, 59

1899

CE QUE LE CHRISTIANISME

A FAIT POUR LA FEMME

I

LENTEUR ET COMPLEXITÉ DES ÉVOLUTIONS SOCIALES.

On sait l'ampleur qu'a pris récemment le mouvement féministe. Toutes les questions qui concernent la femme, ses droits, ses devoirs, son rôle, sa mission dans le monde, les professions qu'il lui est loisible d'exercer, sa situation vis-à-vis de l'homme à travers l'histoire, se sont posées devant la génération actuelle avec un intérêt qu'elles n'avaient probablement jamais eu. Dans ce mouvement, comme il fallait s'y attendre, plusieurs courants se sont dessinés. Il y a le courant de la révolte, de la « Fronde », de l'émancipation à outrance. Il y a le courant des réformes raisonnables et des légitimes revendications. En outre, les partis préexistants, avec leurs préjugés et leurs passions, se sont emparés des nouveaux problèmes. Les ennemis de l'Eglise n'ont pas manqué une si belle occasion de soutenir que la femme, sous la domination des prêtres et des moines, avait été, « en des temps d'obscurantisme », impitoyablement sacrifiée à son tyran masculin. Il s'est trouvé des publicistes pour soutenir que le christianisme avait marqué un recul de la femme, que la situation de celle-ci, brillante dans le paganisme, s'était trouvée lamentablement ravalée avec le triomphe de la doctrine et des mœurs chrétiennes. Les mauvais plaisants ont même réédité, à l'usage des ignorants et des naïfs, l'anecdote du prétendu concile qui avait refusé une âme à la compagne de l'homme, comme si, dès les premiers temps de l'Eglise, des saintes n'avaient pas figuré sur les autels à côté des saints.

Mais, à quelque distance des sectaires qui accusent le christianisme d'avoir fait rétrograder la femme, peuvent entrer en ligne des sceptiques, ou tout au moins des esprits difficiles en matière de démonstration. Une question peut venir de ce côté-là : « Puisque vous niez que le christianisme ait abaissé la femme, puisque vous dites au contraire qu'il l'a relevée, prouvez-le d'une manière quelque peu précise, car cela n'est pas évident du premier coup d'œil. »

Qu'une telle question nous soit ou ne nous soit pas directement posée, à nous autres catholiques, il est utile de chercher à y répondre correctement. Pour cela, il faut éviter les enthousiasmes superficiels et sommaires, et aussi les exagérations imprudentes qui, en présence d'adversaires érudits et fortement documentés sur l'histoire sociale, nous feraient prêter le flanc à de sérieuses objections. La question, en effet, est éminemment complexe. Le paganisme et le christianisme ne sont pas tout à fait comme deux régions distinctes, nettement séparées par un fleuve ou par une chaîne de montagnes. Ce sont deux éléments qui se compénètrent en beaucoup d'endroits, comme la terre et l'eau dans les pays de marécages, et il n'est souvent pas difficile de retrouver, non seulement dans la même société, mais dans le même homme, la trace de cette double influence. En outre, il ne faut pas croire — et c'est une erreur vers laquelle nous inclinons volontiers dans une intention d'ailleurs excellente — que la religion soit la seule influence qui agisse sur les mœurs. Le lieu, le travail, la propriété, l'organisation du clan, de la tribu, de la cité, organisation dérivée elle-même de causes purement matérielles, en un mot, plusieurs séries de phénomènes sociaux autres que les phénomènes religieux peuvent influer sur la situation de la femme, tantôt en bien, tantôt en mal, et c'est un élément dont il importe de tenir compte, sous peine de voir retomber sur la religion, en tel ou tel cas, la responsabilité de certains vices sociaux.

Il faut nous défaire de l'habitude d'envisager des types tranchés et absolus, et, autant que possible, ne pas trop dire au singulier : « La femme non chrétienne, la femme chrétienne ». Il n'y a que des femmes non chrétiennes, qui ne se ressemblent entre elles qu'imparfaitement, et des femmes chrétiennes, représentant des échelons divers de valeur morale. Il peut arriver, lorsque l'on met en parallèle ces deux séries de types inégaux, que l'on aperçoive moins de distance entre certains types non chrétiens et certains types chrétiens qu'entre deux types de la même série. Il se peut même que telle physionomie de femme non chrétienne nous paraisse plus remarquable à divers points de vue que telle physionomie de femme chrétienne. Ce ne sera que l'exception, mais il faut compter sur ces exceptions, et ne pas s'en scandaliser. De telles aventures arrivent toujours lorsque l'on opère sur des masses, et il suffit, pour tranquilliser l'apologiste du christianisme, que la série des femmes chrétiennes, prise dans son ensemble, représente un niveau notablement plus élevé que la série des femmes non chrétiennes. De même, lorsque nous affirmons, par exemple, que le mois de mai est plus chaud que le mois de février, on pourra toujours nous objecter certaines journées de février où le thermomètre est monté fort haut, et certaines journées de mai où il est descendu fort bas, mais ce sont là des cas particuliers qui s'évanouissent lorsqu'on prend des moyennes, c'est-à-dire lorsque, au lieu de se mettre des œillères, et de ne considérer qu'un point isolé, on consent à donner à son observation une certaine largeur.

Il faut bien nous rappeler que le genre humain, en dehors du christianisme, a toujours conservé quelque chose de la tradition primitive. C'est même à cette tradition qu'il faut attribuer ce qu'il y a de meilleur dans les doctrines philosophiques des sages anciens. C'est à elle qu'il faut rattacher le maintien de la pureté des mœurs dans certaines sociétés patriarcales, où l'immobilité des conditions d'existence se traduit par une immobilité corrélative dans la conception des devoirs. L'histoire classique nous montre des païens sincèrement scandalisés des faits et gestes d'autres païens, des hommes préoccupés de réformes morales, blâmant des lois nouvelles qui désorganisaient la famille, vantant un âge d'or où les hommes valaient mieux. Cela prouve que, même dans les sociétés corrompues, tout le monde ne marchait pas du même pas ; et, dans ces conditions, que l'on puisse trouver de petits groupes sociaux où la femme était plus respectée, plus heureuse qu'ailleurs, c'est ce qui ne doit aucunement nous surprendre.

Si de là nous reportons nos regards sur le christianisme, il nous faut tenir compte d'un autre fait, ou plutôt du même fait agissant en sens inverse. Pas plus que le baptême n'efface dans l'homme toutes les suites du péché originel, la conversion globale d'un peuple à une religion de progrès moral ne supprime ses inclinations sociales, nées du milieu où ce peuple s'est trouvé depuis des siècles, du genre de travail qu'il a dû adopter, du plus ou moins de richesses qu'il s'est acquis, et d'une foule d'autres circonstances purement humaines. Ce peuple converti prend la route du salut, mais en emportant son bagage de préjugés, de coutumes plus ou moins défectueuses, de passions plus ou moins difficiles à maîtriser. En devenant chrétien, il n'abandonne pas sa tournure d'esprit, l'angle sous lequel il aperçoit et juge certaines relations familiales, civiles, politiques, et, si le christianisme tend parfois à modifier cet état d'âme, ce ne sera qu'avec une inévitable lenteur.

Le but essentiel du christianisme, c'est de procurer le salut éternel de chacun de nous. C'est un but individuel. Ce qu'on appelle la société n'a pas d'existence concrète. Une société se compose d'un certain nombre d'individus, et les relations seules de ces individus entre eux sont à proprement parler ce que l'on appelle les phénomènes sociaux. Or, à moins que certaines formes de ces relations ne contrecarrent explicitement la doctrine évangélique, l'Eglise accepte tout, s'adapte à tout. Ces phénomènes sociaux sont pour elle chose indifférente, secondaire. C'est par ricochet et non directement qu'elle les atteint. Avant de changer la condition de la femme, le christianisme s'est occupé de sanctifier la femme, quelle que fût sa condition, et de lui enseigner à tirer parti, pour cette sanctification elle-même, de toutes les circonstances heureuses ou

malheureuses où elle pouvait se trouver. Le progrès
moral d'abord, le progrès social ensuite. Ou, plus
exactement, le progrès social arrive à son tour, petit
à petit, comme une résultante de la multiplication, à
travers la foule des individus, des progrès moraux.

Pour mieux éclaircir notre pensée, laissons un
instant la question de la femme, et prenons celle de
l'esclavage. Certes, l'esclavage est un mal social.
Il blesse la personnalité humaine. Il engendre inévitablement des désordres moraux en obligeant le
serviteur ou la servante à se prêter à tous les capri-
ces du maître. Il offre, par-dessus le marché, de
réels inconvénients économiques, et paralyse l'essor
industriel. Pourtant, voit-on que les premiers prédi-
cateurs du christianisme aient prêché aux esclaves
l'émancipation et fait aux maîtres un cas de conscience de l'affranchissement de ceux-là ? Non. Le
christianisme a exhorté l'esclave au respect de son
maître, et le maître au respect de son esclave. C'était,
au point de vue du salut, le point pratique, essentiel.

Subsidiairement, le christianisme, dans la personne
de ses représentants, a toujours poussé à la libéra-
tion intelligente et graduelle des esclaves, et a sou-
tenu de ses encouragements, de ses éloges, tous ceux
qui, dans la suite des siècles, ont pris à tâche de cir-
conscrire le fléau. De nos jours encore, n'est-ce pas
au cardinal Lavigerie que l'on doit le renouvellement
de la campagne contre l'exploitation de l'homme par
l'homme, et n'est-ce pas un fait typique de voir l'esclavage désormais complètement aboli dans toutes
les nations chrétiennes, alors qu'il possède encore de
puissantes racines chez les peuples musulmans,
c'est-à-dire chez les peuples les plus obstinément
réfractaires à la pénétration des idées chrétiennes ?

Le christianisme n'a donc pas, en deux temps et trois mouvements, escamoté l'esclavage. La nature ne fait pas de tels « sauts », et les inconvénients d'une brusque émancipation peuvent être pires, en bien des cas, que ceux de la servitude. Le christianisme a procédé par ordre et avec suite, conformément à la nature des choses. Par cette conduite, Dieu respecte les lois sociales qu'il a lui-même posées, et le rationalisme ne peut pas crier à l'abus du miracle. Le miracle n'est qu'une exception confirmant la règle ; il n'est pas la règle ; et, une fois posé le phénomène initial et surnaturel de la fondation du christianisme, on peut voir que la masse des faits constituant l'évolution sociale s'est déroulée naturellement.

C'est ce qui nous aide à comprendre, pour en revenir à notre sujet, comment la polygamie, désormais proscrite par des préceptes positifs, a pu être tolérée chez les patriarches bibliques, et comment le divorce a pu l'être également chez les Juifs. C'est qu'il s'agissait, pour le divorce, d'éviter un plus grand mal, et de soustraire la société israélite aux désordres qu'eût entraînés la « dureté des cœurs ». C'est d'autre part, en ce qui concerne la polygamie des patriarches, que la vie nomade ou quasi nomade du patriarche, si différente de l'existence que nous menons dans nos sociétés civilisées, s'adaptait tout particulièrement, pour des causes que nous n'avons pas le temps d'analyser ici, mais mises en relief par les précédents travaux de la science sociale, avec des groupements nombreux de femmes et d'enfants dirigés par l'autorité absolue d'un seul chef. La polygamie, qui ailleurs est un vice, n'était sous la tente d'Abraham et de Jacob qu'une défectuosité sociale, entraînée par les conditions du « milieu ». D'ailleurs, même avec un saint personnage comme Abraham, nous voyons que cette pratique avait de graves inconvénients. L'Écriture n'a pas voulu nous les laisser ignorer, pour bien nous montrer sans doute que, même dans les conditions les plus favorables et qui l'excusent le mieux, la pluralité des femmes se révèle comme un état inférieur qui, sans être précisément contre nature, s'écarte du plan providentiel de la création.

Ces deux espèces de faits que nous venons de signaler : existence de la polygamie chez des patriarches aimés de Dieu, survivance de l'esclavage dans les sociétés chrétiennes pendant de longs siècles, doivent bien nous persuader d'une vérité, à savoir que la valeur morale des individus peut compenser, dans une large mesure, les vices constitutionnels des groupements dont ils font partie. On sait qu'il en est de même des constitutions. Les meilleures ne valent rien si ce sont des gens malhonnêtes qui détiennent le pouvoir. La plus mauvaise, au contraire, c'est-à-dire la plus illogique, la plus baroque, la moins rationnellement combinée, peut donner d'excellents résultats si ce sont des gens de bien qui en font mouvoir les rouages. Qu'importe, par exemple, que la condition de Rachel, sous la tente de Jacob, ait été inférieure en principe à celle de telle dame de notre connaissance, si le désordre règne au foyer de cette dernière, et si elle se voit réduite, soit à supporter de cruelles injures de la part de son mari, soit à demander au divorce une liberté qui lui coûtera la paix de sa conscience et les égards dont on l'environnait dans la bonne société ? « Les hommes, disait Royer-Collard, ne sont jamais ni aussi bons, ni aussi mauvais que leurs principes. » De même, la valeur morale et le bonheur même des individus ne sont pas proportionnels à la valeur sociale des coutumes au milieu desquelles ils sont obligés de se mouvoir.

II

ÉTAT NORMAL DE LA FEMME DANS LES SOCIÉTÉS NON CHRÉTIENNES. — TRAVAUX PÉNIBLES. — POLYGAMIE. — DIVORCE.

Ces préambules sont un peu longs peut-être, mais ils étaient nécessaires pour bien déblayer le terrain, et pour prévenir les malentendus. Abordons maintenant le fond de la question, et voyons tout d'abord la situation générale de la femme dans les sociétés non chrétiennes, prises, soit dans le présent, soit dans le passé. Nous verrons ensuite quelle est la situation générale de la femme dans les sociétés chrétiennes, et nous montrerons comment le christianisme, en certains points précis, a influé sur cette situation. Si la situation des femmes chrétiennes, prise dans la bonne moyenne de celles que nous connaissons, nous paraît supérieure à celle de la femme non chrétienne, telle que son type résulte d'une vue d'ensemble aussi complète que possible, nous serons en droit de conclure que le christianisme a vraiment relevé la femme, et ce ne sera pas une conclusion *a priori*, mais une conséquence nécessaire des faits observés.

Commençons par les sociétés les plus simples, par celles où la civilisation n'a pas encore introduit les complications qu'elle amène ailleurs. Considérons par exemple les peuples que l'on qualifie quelquefois de « primitifs », bien qu'ils ne le soient pas toujours.

Deux grandes variétés s'offrent à nous : les pasteurs nomades de la prairie, et les sauvages des forêts. Dans ces sociétés, dont on peut donner comme types les Tartares du centre de l'Asie et les nègres du centre de l'Afrique, le sort de la femme est incontestablement des plus inférieurs.

Le travail qui fait vivre ces familles, c'est, dans le premier cas, le pâturage, dans le second cas, la chasse. Or, ces deux travaux constituent des occupations *attrayantes*, plus attrayantes que la plupart des travaux auxquels les hommes peuvent se livrer sur la terre. Une preuve de cet attrait, c'est la difficulté que l'on éprouve à transformer en agriculteurs les peuples pasteurs ou chasseurs. On a beau leur représenter les avantages de cette évolution économique. Ils ne s'y résolvent pas. Ils aiment mieux conserver leur médiocrité et s'exposer à la misère en gardant leurs troupeaux ou en poursuivant leur gibier, que de transformer le sol par leur travail et lui faire produire des moissons. Dans certains cas, cette résistance est si forte que les malheureux aiment mieux se laisser exterminer que d'imiter ces blancs qui les exterminent. Tel a été le cas pour les Peaux-Rouges de l'Amérique. Voici quatre cents ans qu'ils assistent, impassibles, au magnifique développement de la civilisation européenne. Ce spectacle ne les a pas tentés. Chasseurs ils sont, chasseurs ils restent. Ils n'ont emprunté à leurs vainqueurs que deux choses : le cheval et le fusil... afin de mieux chasser.

Or, partout où se rencontrent des chasseurs et des pasteurs, nous trouvons que ces travaux du pâturage et de la chasse, travaux si particulièrement attrayants, travaux relativement faciles, où il s'agit d'utiliser les productions spontanées de la nature, sont exclusivement réservés aux hommes. Il est vrai qu'ils conviennent mieux à leur constitution physique. Mais, quoi qu'il en soit, la division du travail chez ces peuplades est très simple : les travaux attrayants pour les hommes, les travaux ennuyeux pour les femmes. Les travaux ennuyeux sont les travaux de fabrication domestique, vêtements, menus objets, préparation des aliments, et, dans les cas où l'un des deux travaux précédents se trouve joint à un rudiment de culture, c'est la femme qui est investie des fonctions d'agriculteur.

Ce dernier trait est surtout visible au centre de l'Afrique. Dans ces régions, la chasse est l'occupation favorite de l'homme. C'est l'occupation noble, agréable, source de divertissements, prétexte d'orgies sans nombre. Pendant que le mari se livre à ces excursions, qui, fatigantes peut-être, ont du moins ce charme de l'imprévu que connaissent si bien les chasseurs, la femme, courbée sur un champ de manioc ou de dourah, passe la journée à remuer péniblement la terre, sans compter les travaux habituels du ménage, évidemment simplifiés dans ces pays.

Et nous ne citons pas là un cas particulier. Ce partage de la besogne existe partout où la chasse et l'agriculture se trouvent réunies. Madame bêche, Monsieur chasse. Telle est la formule générale par laquelle on pourrait caractériser ces sociétés. Et, si la peuplade n'est pas stable, si, pour une cause ou pour une autre, elle est astreinte à de fréquents déplacements, c'est alors une autre corvée qui tombe sur le dos de la femme, la corvée des transports. La femme est invitée, ni plus ni moins, à remplir les fonctions de bête de somme.

Ce dernier phénomène, plus peut-être encore que le précédent, permet de saisir la déchéance de la femme dans les familles que nous envisageons. Car, en ce qui concerne l'agriculture et la chasse, l'on peut objecter que chaque sexe s'adonne à l'occupation qui lui convient le plus, et que la culture du sol, lorsque le mari est en train de chasser, convient plus particulièrement à l'élément féminin, obligé par la nature même à une existence plus sédentaire. Mais, lorsque l'heure des déplacements est arrivée, il serait beaucoup plus naturel que l'homme, plus robuste que sa compagne, se chargeât de porter les fardeaux. C'est le contraire qui arrive, et ce simple petit fait montre bien que le mari considère son épouse comme une esclave donnée par la nature. Or, ceux qui ont beaucoup voyagé, ou qui ont lu beaucoup de récits de voyages, peuvent-ils nier que les choses se passent ainsi chez la plupart des peuplades situées à cet échelon de la civilisation ?

Nous rencontrons ici un raisonnement curieux, qui a été formulé par quelques féministes, soucieux de rattacher leurs revendications à des faits historiques. La femme, prétendent-ils, jouissait d'un plus grand prestige chez les sauvages « primitifs » que chez les civilisés d'aujourd'hui. Ce qui le prouve, c'est que l'enfant ne prenait pas le nom de son père, mais celui de sa mère. C'est le fait de la maternité, seul, qui était le pivot de la famille. La paternité n'était qu'un fait accessoire, et dont on s'inquiétait fort peu. Donc, la femme a dû se trouver jadis, dans les temps préhistoriques, en possession d'honneurs et de privilèges que l'homme, abusant de sa force physique, lui a ravis postérieurement.

Le raisonnement ne tient pas debout. Outre qu'il

suppose gratuitement que les « primitifs » ont été des sauvages, il tire d'un phénomène exact des conclusions diamétralement contraires à celles qu'on devrait en tirer. Il est parfaitement vrai que, de temps immémorial, bien des sauvages ont l'habitude d'établir la filiation non par le père, mais par la mère. Mais quelle est la cause de cette importance donnée à la descendance féminine? Cette cause est bien simple. C'est que les enfants n'ont pas de père connu. Il se passe au fond des forêts africaines ce qui se passe dans nos plus brillantes capitales, lorsque le même cas se produit. Les enfants « nés de père inconnu » sont rattachés à leur mère, et la situation de la mère, nul ne l'ignore, n'en est pas plus brillante ni plus honorable pour cela. Représentons-nous, dans ces forêts encore mal explorées, le sauvage errant à la poursuite de son gibier. Cette poursuite l'entraîne tantôt d'un côté, tantôt de l'autre, et il n'est pas rare que ces expéditions cynégétiques l'obligent à passer un temps assez long loin de son foyer. Que fait alors le sauvage, homme fort peu soucieux de la moralité? Il se crée un autre foyer, puis un troisième. Il a des femmes éparpillées çà et là sur les divers points de la forêt. Chacun de ces foyers reçoit tour à tour sa visite sommaire et rapide. Il en est que le chef de famille abandonne complètement, sans que la femme et les enfants puissent avoir de ses nouvelles. Dans ces conditions, n'est-il pas naturel que l'enfant ne connaisse que sa mère, et que les voisins, les amis ne le connaissent, ne lui donnent un nom qu'en pensant à sa mère. Cela veut-il dire que la pauvre sauvagesse est une créature privilégiée? Il semble malheureusement bien que non.

Si maintenant nous laissons nos sauvages et nos pasteurs pour considérer des sociétés plus avancées, adonnées aux travaux de la culture, et où ces travaux sont effectués par les hommes, nous ne trouvons pas que la situation de la femme soit plus digne d'envie. Nous avons ici l'exemple des Chinois, peuple de petits paysans travailleurs, et qui représentent, à eux seuls, le quart de la population totale du globe. Or, c'est un fait bien connu, et confirmé encore par les explorations les plus récentes, que la femme est en Chine un objet de mépris. Presque tous les enfants abandonnés par leurs parents sont des filles. C'est une mésaventure que la naissance de celles-ci. On n'apprécie, on ne désire que les garçons. Le mari, bien souvent, répudie la femme qui ne lui donne que des héritières, et pas d'héritiers. Du reste, le Chinois qui se marie achète sa femme comme un maquignon achèterait un cheval. Il se procure une épouse, comme on se procure un animal domestique utile et de bon rendement. Et ce n'est pas à un autre point de vue que se plaçaient les héros d'Homère. Nous sommes surpris, dès le début de l'*Iliade*, de voir que la querelle d'Achille et d'Agamemnon, suscitée par une « affaire de femmes », ne donne pas lieu à des manifestations d'amour. Un écrivain français n'eût pas manqué de peindre la passion des deux chefs pour la captive Briséis, et de nous intéresser à cette dernière, qui eût joué un rôle important. Rien de tout cela. Achille garde Briséis parce que c'est « son » butin, sa chose, et qu'Agamemnon est un impertinent de la lui réclamer après que le partage des dépouilles communes a eu lieu régulièrement. Et la seule raison, d'autre part, pour laquelle Agamemnon refuse de rendre sa propre captive à son père, c'est que cette jeune fille a de bons talents de ménagère, et qu'elle peut rendre des services à son foyer. Ménélas, évidemment, ne part pas d'un autre principe lorsque, après avoir recouvré par force sa femme Hélène, que Pâris lui avait enlevée, il la reprend tout simplement avec lui, sans que les poètes nous parlent de pardon, de réconciliation, de scènes attendrissantes. C'est le monsieur à qui on a volé sa montre ou son parapluie, et qui est content de les retrouver. Voilà tout.

Les sociétés non chrétiennes qu'on peut classer au-dessus des types nomades et des types sauvages, ne sont pas toutes au même cran moral. Il en est chez qui la polygamie est permise ; il en est qui l'interdisent, et pratiquent, comme les chrétiens, la monogamie.

Nous pensons n'avoir pas besoin de grands développements pour faire observer que la polygamie fait à la femme une situation inférieure. Ces femmes réunies au même foyer ne peuvent être toutes ensemble ce que nous appelons des « maîtresses de maison ». La seule autorité, c'est celle du mari, dont l'importance s'accroît d'autant que le nombre des épouses est plus considérable. Si l'une de ces épouses arrive à une situation privilégiée, il lui faut précisément obtenir ce privilège, et prendre, pour ainsi dire, rang de favorite, rang qu'un caprice du maître peut toujours lui faire perdre, et qui d'ailleurs lui attire inévitablement la haine et la jalousie de toutes ses compagnes. Autre fait : la polygamie engendre l'institution du harem. C'est l'emprisonnement des femmes, leur ignorance forcée, leur condamnation à l'oisiveté ou à des besognes futiles, tout au moins chez les riches polygames, qui n'ont pas besoin d'exploiter leur travail. Chez les autres, c'est l'esclavage pur et simple, et le régime des travaux forcés au profit du mari.

La polygamie n'a pas prévalu chez tous les peuples non chrétiens. Il serait d'ailleurs difficile de généraliser le phénomène, les hommes et les femmes naissant en nombre à peu près égal. En outre, la tradition primitive ne pouvait s'altérer sur tous les points du globe avec la même rapidité. La monogamie est donc le système normal, exclusif chez certaines nations, et le seul à la portée des pauvres gens dans les sociétés polygames elles-mêmes. C'est la monogamie que nous voyons régner chez les Grecs, chez les Romains, chez la plupart des Barbares. Seulement, en beaucoup de cas, la différence entre les nations monogames et les nations polygames est plus apparente que réelle. Peu importe la monogamie aux hommes riches, à qui leur fortune permet la possession d'un certain nombre d'esclaves. L'esclavage, dont nous avons déjà dit un mot incidemment, a des conséquences plus fâcheuses encore pour la femme que pour l'homme, et, pratiquement, beaucoup de femmes esclaves, dans la famille de ceux qui les possédaient, n'étaient ni plus ni moins que des épouses de seconde catégorie. L'épouse en titre était bien, dans une certaine mesure, la maîtresse de la maison. Elle recevait certains honneurs qui n'étaient pas dévolus à ses rivales. Mais enfin, ces rivales existaient ; elles vivaient avec elle, sous son toit, et certaines d'entre elles pouvaient avoir plus d'influence qu'elle-même sur le chef de la famille. La situation de la femme légitime s'en trouvait évidemment diminuée.

Ce que nous disons s'applique surtout aux classes

riches, et il est bien certain que, chez les pauvres, cette organisation du foyer ne pouvait exister. Mais ici, qu'on nous permette une remarque d'une nature plus générale. Si l'étude des hautes classes ne suffit pas à ceux qui veulent se rendre compte des mœurs et des coutumes d'une société, il est certain que la connaissance de ce qui se passe chez les privilégiés de la fortune jette de singulières lueurs sur l'état d'âme qui règne dans l'ensemble de la société. Les riches ne sont pas toute cette société, mais ils sont les produits de l'organisation sociale. Ils sont ce que seraient les pauvres, si les pauvres parvenaient à s'enrichir, et, en définitive, ce que tout le monde voudrait être. Leurs usages, par le fait seul qu'ils existent, et que la masse de la population les accepte, les respecte même, cadrent suffisamment avec les idées morales de leur milieu. Supposons que quelques riches financiers français entreprennent ostensiblement de créer chez eux un harem. L'esprit public ne supporterait pas la chose, et pourtant, certes, parmi ceux qui la blâmeraient, il y aurait des gens qui ne valent pas cher. En Turquie, au contraire, le pauvre diable de musulman qui n'a qu'une femme trouve très naturel que son pacha en ait plusieurs. De même, dans la Grèce antique, le prolétaire athénien, qui eût été choqué de voir les riches citoyens de sa ville pratiquer la polygamie orientale, ne l'était pas de leur voir posséder des esclaves et de traiter ces esclaves comme des épouses. Nous avons donc le droit de supposer que cette pratique ne le scandalisait aucunement, et qu'il n'aurait pas demandé mieux que d'en faire autant à la première occasion. Ce que nous savons d'ailleurs de l'épouse grecque renfermée dans son gynécée, tissant la toile pour son seigneur et maître, soumise à une

surveillance jalouse pendant le mariage, exposée,
faute de mari, à des vexations désagréables, n'est pas
de nature à nous faire considérer comme enviable
l'existence qu'elle menait. Si la jeune fille, à Sparte
et dans certaines autres cités doriennes, était élevée
avec les jeunes gens et comme les jeunes gens, on
sait que cette pratique n'avait qu'un but : obtenir,
grâce à la santé des mères, des guerriers robustes.
Tout était subordonné au point de vue militaire et
masculin, et la moralité féminine payait les frais de
cette égoïste combinaison.

Le philosophe Épictète, recommandant à sa façon
le détachement des biens de ce monde, exhorte le
sage à ne pas plus faire de cas de sa femme que d'un
petit coquillage ou d'une petite fleur que le passager,
arrêté sur un rivage, s'est amusé à ramasser par
hasard. La comparaison n'est pas flatteuse pour la
compagne du sage, qu'un philosophe chrétien n'eût
pas manqué d'associer à sa sagesse, au lieu d'en faire
un bibelot encombrant.

Enfin, dans toutes les sociétés non chrétiennes,
dans presque toutes au moins, nous voyons le divorce
autorisé par les lois et par les mœurs. Le Japon est
de nos jours la plus civilisée des nations qui ne recon-
naissent pas la loi du Christ. Or, on a relevé dans ce
pays, en 1896, 118.222 divorces sur 330.467 mariages. Mais, le divorce, funeste à la famille en général,
n'apporte pas à chacun des membres qui la compo-
sent la même somme de désagréments. Ceux qui en
souffrent le plus sont quelquefois les enfants, mais
celui qui en souffre le moins est presque toujours le
mari. En effet, c'est généralement ce dernier qui
détient les moyens d'existence de la famille. Il peut
plus facilement « se débrouiller » sans sa femme que

sa femme sans lui. Ce qui fait la puissance de l'homme, c'est-à-dire sa force physique, sa productivité matérielle, dure chez lui jusqu'à un âge relativement avancé. Ce qui fait la puissance de la femme, c'est-à-dire sa beauté, passe plus vite, nouvelle cause d'infériorité pour celle qui a perdu son époux. Nous disons « perdu » plutôt qu'abandonné, parce que, dans les sociétés non chrétiennes que nous considérons ici, la plupart des divorces sont tout simplement des répudiations de la femme par le mari. Il est même, et il a été des sociétés nombreuses où le divorce constitue ou constituait le monopole du sexe fort. C'était précisément le cas chez les Juifs. L'idée que la femme était absolument inférieure à l'homme était si profondément ancrée chez ces populations que les lois pouvaient bien envisager le cas d'un homme renvoyant sa femme, mais non celui d'une femme « lâchant » son mari. Un exemplaire châtiment eût sans doute accueilli l'audace de quiconque, parmi les épouses, eût réclamé la réciprocité des droits.

Dans tout ce qui précède, nous avons peu parlé des Romains. Nous aurons, en effet, à revenir sur ce chapitre. Mais, d'ores et déjà, rappelons que la loi romaine mettait la femme dans la domination absolue, *in manu*, de son seigneur et maître. Celui-ci pouvait la vendre, si cela lui plaisait, et, surtout dans les commencements, le père de famille était seul juge chez lui des crimes et des délits domestiques. Cela constituait pour la femme une terrible situation. La forme même dans laquelle se contractaient les mariages indiquait assez l'idée quelque peu méprisante qu'y attachait l'épouseur. La forme matrimoniale la plus répandue — car il y en avait plusieurs — s'appelait en effet la *coemptio*, c'est-à-dire l'*achat*. On

le voit, à une grande distance du monde chinois, le
même état d'esprit se retrouve, et cette apparition du
même phénomène sur les points du globe les plus
éloignés, dans des sociétés d'ailleurs bien différentes,
montre assez que nous sommes en présence d'une
véritable loi, applicable, sauf quelques exceptions que
nous allons voir, à tout le monde païen.

III

QUELQUES ÉTATS EXCEPTIONNELS DE LA FEMME DANS
LES SOCIÉTÉS NON CHRÉTIENNES. — POLYANDRIE. —
MATRIARCAT. — LA FEMME GERMAINE. — LA GREC-
QUE ET LA ROMAINE ÉMANCIPÉES. — PYTHIES ET
SIBYLLES.

Abordons donc ces exceptions qui doivent bien,
dès maintenant, nous apparaître vraiment des exceptions, puisque les types que nous venons d'examiner représentent manifestement la très grande
majorité des sociétés non chrétiennes.

Disséminés à travers ces grandes masses humaines
où la femme est ravalée à un rôle des plus inférieurs,
et où l'homme ne fait guère plus de cas de sa compagne que d'une esclave ou d'une bête de somme,
apparaissent des groupes restreints où la femme
semble jouir d'une réelle importance. En outre, même
dans les sociétés où le commun des femmes n'est rien,
on voit s'élever de rares types de femmes qui sont
quelque chose. On verra des peuples où la femme,
comme partout ailleurs, n'est pas jugée capable
d'exercer les droits politiques, remettre leurs destinées
à des reines. On voit encore, parmi de farouches
guerriers dont les femmes ne tiennent pas au foyer

un rang plus élevé qu'ailleurs, des prêtresses s'imposer à l'admiration superstitieuse, et donner, au dire des historiens, des conseils religieusement suivis. Il y a là des faits sur lesquels, avec de la bonne volonté, et en mettant dans l'ombre les grands traits de la physionomie sociale des peuples, tels que nous venons de les esquisser, on peut échafauder des théories séduisantes. Il suffit, pour quelques-uns, que quelques femmes aient été célèbres dans l'histoire de tel ou tel peuple, pour qu'on puisse incarner dans ces figures exceptionnelles un type de femme général. On ne fait pas attention que la rareté même des femmes célèbres comparées aux hommes célèbres détruit par la base l'argument que l'on voudrait fonder sur la célébrité des premières. De même, si l'on considère les personnages qui ont exercé le souverain pouvoir et tenu dans leurs mains les destinées des nations, on trouvera bien des pays où il n'y a eu que des rois, mais on n'en trouvera pas où il n'y ait eu que des reines. Même chez les peuples qui permettent à la femme de tenir en mains les rênes du gouvernement, il est de règle que ces rênes soient tenues par un homme, et, lorsqu'une femme gouverne, c'est ordinairement par l'intermédiaire de ministres, de magistrats, de fonctionnaires masculins.

Ceci dit pour remettre au point la vision des féministes historiques, trop soucieux d'invoquer le passé à l'appui de leurs plaidoyers actuels. Tâchons maintenant d'observer les cas particuliers, et tout d'abord, malgré l'aversion qu'elle inspire, disons un mot d'une coutume heureusement fort rare qui existe encore en quelques coins de l'Inde et du Thibet, et qu'on a pu constater également dans certaines tribus d'Iroquois : la polyandrie.

Nous avons dit, en parlant de la polygamie, que la multiplicité des femmes réunies autour d'un seul époux tend à diminuer les premières et à grandir le premier (en importance familiale et non morale, bien entendu). Réciproquement, il semble que le système donnant à une femme plusieurs maris doive accroître singulièrement l'importance de la première, toujours au même point de vue strictement matériel. La chose n'est vraie qu'en partie.

Dans les rares cas où l'on a pu observer la polyandrie, l'origine de cette coutume immorale a paru se rattacher à des conditions économiques toutes particulières. Nous avons parlé de ces chasseurs qui, habitués à la chasse, et ne pouvant concevoir qu'il soit possible de se livrer à une autre occupation, plient leurs femmes à la culture sans s'en mêler eux-mêmes et continuent de mener pour leur compte cette vie vagabonde qui a tant de charmes pour eux. Dans ces conditions, l'existence du ménage repose sur deux ressources : les productions du sol récoltées par la femme, et le gibier tué par le mari. Supposons maintenant que la femme travaille assez bien, que le sol soit relativement fertile, et que le gibier, en revanche, se raréfie. Une seule femme récoltera plus qu'il n'en faut pour deux personnes, et un chasseur ne pourra, à lui seul, approvisionner sa famille d'une quantité suffisante de gibier. On imagine alors, sans souci de la moralité, une combinaison tendant à corriger cette inégalité, à savoir l'association d'une femme et de plusieurs hommes, ce qui rétablit l'équilibre alimentaire. Telle est la cause qui paraît avoir créé la polyandrie dans certains cantons iroquois (1), les plus pauvres en gibier, tandis que, dans le reste de la tribu, d'autres familles pratiquaient une monogamie plus ou moins troublée par ces mœurs vagabondes et ces abandons de foyer qui caractérisent généralement le sauvage.

Nous ne savons si des Iroquois de ce type existent encore aujourd'hui. On sait que cette nation a été presque entièrement détruite. Or, si la destruction de certaines peuplades sauvages témoigne souvent de la cruauté des nouveaux arrivants qui sont venus occuper leur territoire, il est rare aussi qu'elle ne témoigne pas de graves défauts et d'une manifeste infériorité sociale chez les vaincus, défauts et infériorité qui les empêchent de s'adapter au nouvel état de choses, comme les Grecs et les Slaves du sud se sont adaptés au joug ottoman, ou comme les Cafres s'adaptent à la colonisation britannique dans l'Afrique du Sud. Les Iroquois étaient donc un peuple dégradé, hommes et femmes, et il serait étrange qu'on voulût les citer comme exemples d'une organisation sociale préférable à celle de ces Grecs et de ces Romains dont nous avons parlé, et qui, eux, ont laissé une grandiose trace dans l'histoire. Il y a plus. Si la possession de moyens d'existence indépendants, supérieurs à ceux dont disposaient les hommes, tendait à rehausser l'importance des femmes iroquoises, à faire *la hausse*, pour ainsi dire, sur l'élément féminin, l'épouse, quoique mariée à plusieurs chasseurs, ne tenait pas ces derniers dans une dépendance

(1) Consulter à ce sujet la revue *La Science Sociale*, numéro d'août 1890, article de M. Paul de Rousiers. — Outre la culture, la femme iroquoise exerce une industrie rudimentaire : fabrication de fil et d'ouvrages d'écorce, d'objets en bois et en poil de porc-épic. Elle travaille les peaux de chevreuils. C'est elle enfin qui coupe le bois. L'Iroquois fabrique exclusivement ses instruments de chasse ou de pêche.

analogue à celle où le pacha tient ses multiples épouses. Il ne peut même y avoir à ce sujet aucune comparaison. Le chasseur, battant les bois tout le jour, revenant au logis quand il lui plaît, et n'y restant que juste le temps nécessaire pour y manger le maïs récolté et apprêté par son épouse, était sans doute un personnage fort peu digne et fort peu estimable, mais autrement libre et autrement maître de sa personne que l'odalisque casernée dans son harem.

Au Thibet, le phénomène dont nous parlons est fondé sur des causes non pas identiques, mais analogues. Ce ne sont plus des chasseurs, mais des pasteurs de chèvres, bétail pauvre et insuffisant, qui s'associent, pour mieux subsister, avec une femme cultivatrice, chargée de subvenir, à elle seule, à l'insuffisance du pâturage de chacun d'eux. Comme on le voit, cet étrange privilège d'être la seule femme de plusieurs maris n'est pas sans son revers. Si la femme thibétaine a une supériorité, cette supériorité est un objet d'exploitation de la part des hommes. C'est une servante laborieuse qui s'échine pour plusieurs maîtres à la fois. Du reste, cette situation de la femme dans la famille ne lui procure aucun avantage d'ordre public. Les fonctions de lama, si vénérées dans ce pays, sont strictement réservées aux hommes. Eux seuls exercent le pouvoir et possèdent les dignités, ce qui ne devrait pas exister, semble-t-il, si l'organisation spéciale de la famille correspondait à une supériorité réelle de l'élément féminin.

On remarquera que nous nous sommes placé, dans ce qui précède, au seul point de vue temporel. Il y aurait évidemment bien d'autres choses à dire. Il est clair que des mœurs contre nature, condamnées par le bon sens universel, ne sauraient être données en exemple, et, dans le cas même où le prestige de la femme iroquoise ou thibétaine apparaîtrait comme transcendant, être alléguées comme une preuve de vraie supériorité chez l'une ou chez l'autre. On ne peut parler de supériorité sociale là où règnent de tels vices sociaux. Les types que nous venons d'examiner doivent donc être classés parmi les monstruosités ethnographiques, comme les moutons à cinq pattes parmi les monstruosités zoologiques. On nous dispensera, tant la chose est claire, d'insister davantage là-dessus.

Il est ailleurs, en des régions plus étendues, quoique restreintes encore eu égard à la superficie du globe, une autre coutume qu'il nous faut observer de près, car elle semble consacrer, d'une façon plus légitime et plus réelle à la fois que la précédente, la supériorité relative de la femme. Nous voulons parler du *matriarcat*.

Le matriarcat est surtout observable dans une partie du Sahara. Il prend naissance sous l'influence du désert et de l'oasis. Les sociétés qui vivent dans ces régions ne méritent pas l'épithète de sauvages. Les familles y sont réparties par tribus, et la tribu elle-même se divise en divers types de groupements. L'organisation religieuse est très puissante. Enfin le commerce est florissant, et se pratique, comme on le sait, au moyen de caravanes.

Chez ces populations, les conditions du milieu opèrent de nouveau la séparation des sexes. Les hommes, montés sur leurs chameaux, parcourent le désert, font paître leurs bêtes aux endroits qui, moins arides, produisent de maigres herbages, transportent des marchandises, et, si l'occasion s'en présente, détroussent les caravanes rivales. Ce sont des pasteurs, des entrepreneurs de transport, des trafiquants et des pillards.Ce quadruple métier les retient éloignés de l'oasis pendant des périodes considérables, et la rapidité du chameau, sa sobriété, son aptitude à traverser sous une effrayante chaleur de vastes espaces leur permet de mener ainsi une vie presque nomade loin du foyer stable qu'ils se sont pourtant constitué.

Ce foyer stable, situé dans l'oasis, est plus important qu'un campement de sauvages. C'est une sorte de domaine rural régulièrement exploité, et où le travail de la culture est effectué par des esclaves noirs, produits de razzias accomplies vers le Sud par les guerriers de la tribu. Nous vérifions ici la loi que nous avons posée plus haut, à savoir que l'agriculture, considérée comme métier ennuyeux, est délaissée autant que possible de quiconque peut se livrer à un travail attrayant. Les métiers de pasteur, de caravanier, de commerçant, de pillard sont plus attrayants que celui de paysan, puisqu'il n'y a en définitive qu'à se promener, et à exploiter, soit les richesses naturelles du sol, soit les richesses accumulées des populations établies sur les frontières du désert. Le Touareg méprisera donc la culture, mais, en la méprisant, il en sentira les avantages, et, pour se procurer ceux-ci, courbera sur la bêche et sur la charrue, par la force, des hommes d'une autre race qui travailleront pour lui.

Ces esclaves, sur le domaine de l'oasis, ont besoin d'être surveillés. Mais nous savons que le maître n'est pas là. Il court la prétentaine, et ses absences se prolongent parfois au-delà de toute prévision. Qui le remplacera ? Sa femme. C'est elle qui, dans l'oasis, joue le rôle de patron agricole, en même temps qu'elle élève les enfants et s'occupe de tous les soins du ménage. Il résulte de cette organisation un phénomène analogue à celui que nous avons vu se passer chez les sauvages, à savoir que l'enfant connaît beaucoup plus sa mère que son père, et qu'on prend l'habitude de le rattacher, non au douar paternel, mais au douar maternel. De là, dans la manière de supputer les degrés de parenté, certaines anomalies qui nous étonnent, mais qui s'expliquent lorsque l'on tient compte de la particularité dont nous parlons.

La femme touareg jouit donc, à son foyer, d'une situation plus considérable que les divers types de femmes dont nous avons examiné la condition. Il lui arrive même, disent les voyageurs, de prendre, en cas d'attaque subite de l'oasis, l'initiative de la défense, de mettre la lance au poing comme les hommes, et d'aider à repousser l'ennemi. Bien que la religion régnante soit l'islamisme, la femme touareg ne supporte pas la polygamie. Que le mari fasse hors de chez lui tout ce qu'il veut, cela ne la regarde pas, mais, au foyer, il n'y a qu'une épouse, souveraine maîtresse de la maison.

Toutefois, maintenant que nous avons fait aussi large que possible la part de grandeur et de dignité de cette femme non chrétienne, considérons impartialement ce qui en limite réellement la portée. La femme touareg est une petite puissance, mais elle n'est telle que grâce à l'absence du mari, qui, lui, échappe absolument à cette influence féminine et mène son existence à part, libre, indépendante, dans un milieu tout différent de celui où règne sa moitié. Les enfants eux-mêmes, s'ils doivent à leur mère d'être

rattachés au douar maternel plutôt qu'au douar paternel, sont bien vite affranchis de la tutelle féminine, et, dès qu'ils ont l'âge de voyager, de trafiquer,
de combattre, entrent à leur tour dans la vie nomade, sous la direction — et c'est en cela que consiste
la bizarrerie du système — de leurs oncles maternels.
Le choix de leurs tuteurs est déterminé par le fait
de leur descendance maternelle, mais ces tuteurs
sont des hommes, et vont dresser leurs neveux à des
occupations exclusivement viriles, qui les retiendront
le plus longtemps possible loin des femmes de la
tribu. A partir de ce moment, la mère n'est plus
grand'chose pour ses fils. Elle reste, en définitive, une,
intendante fidèle, investie de la confiance et des pouvoirs du chef de famille, et cette intendante se double
d'une gouvernante, chargée du soin exclusif des
jeunes enfants, mais ce n'est pas encore l'épouse
idéale, celle qui partage avec son époux l'influence
totale et durable, et apparaît, en présence comme en
l'absence de cet époux, sur un pied parfait d'égalité
avec lui.

On peut rattacher au matriarcat ce que dit Hérodote de la femme égyptienne. C'est encore cette coutume qui explique, dans l'antiquité, le grand rôle
joué par telle femme dans la direction de tel grand
empire situé dans une oasis ou dans une étroite
vallée environnée de déserts. Sémiramis, Zénobie
paraissent être des produits de ce type social, qui a
également influé sur l'ordre des successions dans
les dynasties égyptiennes, et attribué à certaines
reines, comme Cléopâtre, un pouvoir qui, d'ordinaire, ne s'est trouvé exercé que par les rois. Ces
anomalies dynastiques représentent en grand, et sur
un théâtre particulièrement grandiose, ce cas de la

femme touareg qui, par exception, prend la lance du guerrier pour repousser les pillards qui attaquent l'oasis. Mais ces brillantes apparitions de reines illustres ne sont que des météores dans le ciel de l'histoire. La règle, c'est que la lance et le sceptre soient tenus par des mains d'hommes. L'influence indirecte de la femme ne se manifestera, dans certaines monarchies établies sur les confins des déserts, que par ce phénomène bizarre de la succession dévolue, non à ce que nous appellerions les héritiers saliques, mais *au fils de la sœur* du monarque défunt. C'est en effet l'oncle maternel qui est chargé, comme nous l'avons vu, d'inculquer à son neveu les qualités viriles, alors que les fils de cet oncle sont élevés eux-mêmes par leurs oncles maternels, et échappent ainsi à la direction de leur père. Parmi les Pharaons, on relève de nombreux cas de ce genre de dévolution, mais on ne voit pas que ces Pharaons aient plus subi que d'autres souverains l'influence de leurs épouses.

On doit enfin constater un fait : à savoir que toute la région des oasis, où se crée le matriarcat, est actuellement sous l'influence musulmane, et que le christianisme n'y a pas encore pénétré, ce qui ajourne toute tentative d'exacte comparaison. Il faudrait savoir ce que serait la femme touareg si, à ses qualités présentes, elle pouvait joindre celles que tendrait à développer en elle l'influence de l'idéal chrétien, dont nous allons dire un mot tout à l'heure.

Parmi les textes anciens qui font allusion à la condition des femmes, il en est bien peu qui contiennent une réflexion de l'historien d'où l'on puisse inférer que celui-ci admire cette condition, et la considère comme enviable. Ainsi, lorsque Hérodote

signale chez la femme égyptienne — encore ne
s'agissait-il que d'une partie de l'Egypte — les bizarres coutumes qui la distinguent des femmes des
autres nations, l'historien grec ne se livre à aucune
appréciation, et mentionne simplement le fait comme
une curiosité. Il ne dit pas que la femme soit plus
heureuse en Egypte qu'en Grèce. Il lui trouve simplement des allures auxquelles ses observations
précédentes ne l'ont pas habitué. Si nous voulons
un texte contenant une appréciation caractéristique,
et où apparaisse l'étonnement de l'historien rencon-
trant un type de femme jugé par lui supérieur, nous
devons le rechercher dans la *Germanie* de Tacite.
Après avoir dit que les femmes germaines soutien-
nent par leurs exhortations les guerriers qui com-
battent, et raniment leur courage si elles les voient
fléchir, l'historien latin ajoute : « Ils supposent à ce
sexe je ne sais quoi de religieux, et une sorte d'ins-
piration. Ils ne méprisent pas leurs avis, et ne né-
gligent pas leurs oracles. Sous Vespasien, nous
avons vu Velléda regardée longtemps comme une
divinité par la plupart d'entre eux. Tel fut aussi le
cas d'Aurinia et de beaucoup d'autres, à qui ils rendaient une sorte de culte, sans aller pourtant jusqu'à l'adulation ou à l'apothéose. »

Quelques paragraphes plus loin, le même auteur
s'exprime ainsi :

« Leurs mariages sont chastes, et c'est ce qu'il y
a de plus digne d'éloge dans leurs mœurs. *C'est presque la seule nation barbare* où les hommes n'aient
qu'une femme. Un très petit nombre seulement,
non par passion, mais pour mieux se distinguer,
réunissent autour d'eux plusieurs épouses. » Et
plus loin encore : « De peur que la femme ne croie

le courage et les hasards de la guerre étrangers à son sexe, les cérémonies mêmes de son mariage l'avertissent qu'elle doit partager les travaux et les périls, que c'est son sort dans la paix, son sort au combat, d'endurer autant que son époux. » Tacite fait un portrait élogieux de ces épouses germaines : « Elles n'ont qu'un mari comme on n'a qu'un corps et qu'une âme. Au mari doivent se borner toutes leurs pensées, tous leurs désirs. Il n'est pas seulement un mari pour elles ; il est le mariage tout entier. On ne les voit point limiter le nombre de leurs enfants ou faire périr un nouveau-né. A leurs yeux, c'est une infamie. De bonnes mœurs font plus là-bas que ne font ailleurs de bonnes lois. »

Ce dernier trait montrerait assez, si on ne le connaissait déjà, le dessein qui anime l'auteur de la *Germanie*. Ce livre est une description géographique et historique, mais c'est aussi une satire indirecte des mœurs corrompues de la décadence romaine. L'historien trouve intéressant d'opposer la simplicité de ces peuplades barbares à la dégradation morale dont la Rome impériale était alors le théâtre. Il a voulu, en d'autres termes, faire une belle antithèse, mais l'on sait que la grande tentation de ceux qui font des antithèses est d'exagérer les qualités qu'ils veulent opposer à certains défauts, et *vice versa*. Il y a généralement un fond de vérité dans l'opposition qu'ils établissent, mais il y a aussi le « coup de pouce ». Ils ont dans l'esprit une thèse à soutenir, et, dans cette disposition d'esprit, ils mettent volontiers en lumière tous les faits qui favorisent leur opinion, en laissant dans l'ombre tout ce qui pourrait la contrarier. Voilà pourquoi il ne faut accepter qu'avec réserve ce que Tacite nous dit de ses Ger-

mains. La réserve est d'autant plus nécessaire que
Tacite ne semble pas avoir vu personnellement la
Germanie, et qu'il se contente de la décrire sur des
récits qui ont pu être arrangés et amplifiés. En fait,
il faut concéder à cet écrivain que la femme germaine, très probablement, valait mieux que la femme romaine, et qu'une certaine sévérité de mœurs
régnait chez les peuples barbares. Ces derniers l'em-
portaient moralement, à ce point de vue, sur cette société romaine qui les contenait encore par sa puissante et traditionnelle organisation militaire, mais
qu'ils allaient prochainement bouleverser et rajeunir
par leurs invasions. Toutefois des érudits allemands,
quoique intéressés à rehausser le mérite de leurs
ancêtres, ont montré que cette sévérité de mœurs
conjugales était surtout un calcul de la part des
hommes qui voulaient ainsi conserver à leur race
un sang pur et obtenir des générations de guerriers
vigoureux. C'est pourquoi la femme coupable d'in-
fidélité était cruellement punie, de façon à ce que la
cruauté de ce châtiment produisît une terreur salutaire sur les autres. Tout cela n'est pas extraordinairement élevé au point de vue moral. En outre,
nous retrouvons en Germanie comme ailleurs —
chez la plupart des Germains tout au moins — ce
penchant des hommes à rejeter sur les femmes tout
travail pénible et ennuyeux. « Le temps qui ne se
passe point à la guerre, dit Tacite, ils le passent à
chasser quelquefois, mais le plus souvent à ne rien
faire, ou à s'adonner aux orgies et au sommeil. On
voit alors les plus braves et les plus belliqueux, dans
une inaction complète, abandonner le soin de la
famille, de la maison, des terres, aux femmes, aux
vieillards, aux personnes les plus faibles, tandis

qu'ils languissent dans l'oisiveté. » Voilà une sévère condamnation, et prononcée par un admirateur. Elle n'ouvre pas un aperçu des plus brillants sur la condition de la femme germaine, bien qu'il soit possible, là encore, d'établir des distinctions entre Germains et Germains. Mais le cadre de cette étude est trop borné pour que nous nous aventurions dans ces recherches trop minutieuses. Constatons seulement que Tacite, citoyen romain, lettré, instruit par profession d'une foule de choses et particulièrement des mœurs des différents peuples connus, ne trouve nulle part la condition de la femme plus remarquable qu'en Germanie, et que, dans cette Germanie qui incarne *ce qu'il y a de mieux* en matière de dignité féminine, la femme se voit condamnée aux travaux forcés par des guerriers qui ne font rien. Comment donc se trouve-t-elle ailleurs ?

Tacite connaissait pourtant des femmes célèbres, qui ont joué un rôle marquant dans la société grecque ou romaine. Il aurait pu citer, en sa qualité de Romain de la haute société, des femmes qui « avaient fait parler d'elles » et qui avaient manifesté leur indépendance d'une singulière façon. La Grèce et Rome ont connu, en effet, certaines catégories de femmes vraiment très importantes, qui savaient inspirer les hommes ou déjouer les ressorts de leur autorité, si bien renforcée qu'elle fût par des textes de lois. Aspasie « faisait marcher » Périclès. Terentia n'était nullement intimidée par Cicéron. Les poésies de Tibulle, de Properce nous apprennent que bien des femmes romaines, malgré la terrible législation à laquelle elles se trouvaient soumises, ne se gênaient nullement en fait d'indépendance. Livie, Agrippine, Messaline, quoique dépourvues de toute autorité officielle, n'ignoraient pas l'art de supprimer les obstacles qui s'opposaient à leurs volontés. Le malheur veut que toutes ces physionomies originales appartiennent à un monde des moins estimables. En Grèce, les femmes célèbres et influentes vivent complètement en marge de la société. Ce sont des créatures hors cadre, affranchies de tous les liens de la famille en même temps que de toutes les lois de la morale. Quant à l'influence qu'elles exercent sur les hommes, il est permis de supposer qu'elle n'est pas due à leur seul mérite, bien que cet état de révolte contre le groupement familial ait permis à certaines de ces femmes d'acquérir l'instruction alors réservée aux hommes et de se faire admirer à ce point de vue de tel philosophe des plus cultivés. Ce contraste violent entre l'instruction que peut acquérir la femme dévoyée et l'ignorance où la femme honnête est obligée de croupir ne fait même qu'attester d'une façon plus éloquente l'infériorité de la condition générale de la femme chez les Grecs. Il y a là une contre-épreuve précieuse qui confirme ce que nous avons dit plus haut.

Il est clair qu'une supériorité intellectuelle achetée à ce prix — par une minorité de femmes d'ailleurs — ne saurait être proposée comme un argument en faveur de l'antiquité des droits de la femme. Nous sommes simplement en présence d'une déformation sociale, due aux vices d'un très grand nombre d'individus, déformation qui n'existait pas d'ailleurs aux premiers temps de la Grèce.

A Rome, les femmes qui font parler d'elles ne sont pas toutes en dehors de la société. Il en est même quelques-unes, comme Véturie, mère de Coriolan, Cornélie, mère des Gracques, dont la vertu a été magnifiquement célébrée. Mais l'histoire de Véturie n'est qu'une anecdote isolée dans l'histoire romaine, et ce n'est pas prouver grand'chose que de raconter qu'une mère — si tant est que le récit de Tite-Live est exact — eut un jour une salutaire influence sur son fils. Le type de Cornélie prouve encore moins. Cornélie était veuve, et, comme telle, elle dirigeait seule l'éducation de ses enfants. C'était évidemment une femme d'un noble caractère, mais qui n'a dû son illustration qu'au rôle politique joué par son mari et par ses deux fils. Si l'on examine l'histoire de ces deux matrones romaines, on ne voit pas que ni l'une ni l'autre ait joui, au point de vue social, d'une indépendance particulière. C'est un travers des défenseurs outrés du féminisme que de représenter toutes les femmes célèbres de l'histoire comme des apôtres du féminisme ou comme des preuves vivantes que le féminisme existait. Il n'en est pas ainsi. Dans toute société, c'est une loi bien connue que l'homme doit beaucoup à sa mère de ce qu'il est à l'âge mûr de la vie. Divers hommes illustres ont ainsi, par ricochet, illustré leurs mères. Un écrivain catholique, de nos jours, n'a-t-il pas écrit un remarquable ouvrage sur « les mères des saints » (1)?

Il est, dans l'histoire romaine, une époque où nous voyons de nombreuses femmes devenir effectivement plus indépendantes que par le passé, tout en gardant leur rang et leur dignité de matrones. C'est l'époque où nous voyons les divorces se multiplier et les épouses, flanquées de leur dot, aller d'époux en époux. Les comiques latins nous ont décrit la morgue et les grands airs de l'épouse riche qui, ayant

______

(1) M. Charles d'Héricault.

apporté beaucoup d'argent à son mari, tient à le lui
faire sentir. C'est que le respect de la propriété,
comme on le sait, n'a jamais été poussé plus loin que
dans la loi romaine. C'est de Rome que nous vient
le fameux régime dotal, avec toutes les précautions
prises par la famille de la jeune fille pour que le mari
ne puisse dissiper la dot. Cette inviolabilité de la propriété de la femme constituait une limite non prévue,
mais effective, à l'autorité du mari, et, à mesure que
les richesses des peuples vaincus s'accumulaient dans
la Rome de l'époque classique, cette importance de
la femme dotée ne faisait que grandir. Il y eut donc
une minorité de matrones romaines comparables,
au point de vue de la liberté des allures et du sans-
gêne des mœurs, à certaines femmes du grand monde
actuel, dont la chronique s'entretient souvent, soit
pour dévoiler un scandale, soit pour annoncer un
divorce retentissant. Mais, encore une fois, est-il
normal que l'affranchissement de la femme s'achète
au prix des bonnes mœurs, et lorsqu'on voit, dans
le cas qui nous occupe, cette émancipation de la
femme se produire précisément vers l'époque de la
décadence romaine, après de longs siècles où la
femme avait vécu dans l'assujettissement le plus
complet, doit-on dire que nous sommes en présence
d'une situation « primitive » ?

Comme en Grèce, nous sommes en présence d'une
situation anormale, d'une maladie de la société,
d'une sorte de fléau dont la femme elle-même devait
nécessairement souffrir, puisque la femme qui demande son émancipation à des procédés illicites, qui
se met en dehors des lois familiales et de la nature
elle-même, s'expose à un mépris qui grandit d'autant plus que ses charmes baissent davantage.

L'expérience universelle tend d'ailleurs à prouver que les femmes qui se font épouser pour leur fortune ne sont pas les plus heureuses de toutes. Enfin, la femme qui change plusieurs fois de maris, même dans une société où cet abus est sanctionné par les lois, tombe à peu près dans la situation où nous avons vu la femme iroquoise et la femme thibétaine. C'est de la polyandrie successive au lieu d'être de la polyandrie simultanée, et la même flétrissure qui s'applique aux mœurs de nos sauvages ou de nos barbares doit s'appliquer à celles de la ville des Césars.

Ni l'existence de la polyandrie en certains points du globe, ni celle du matriarcat sur d'autres points, ni les qualités qu'on a pu relever dans les épouses germaines, ni l'indépendance dont une minorité de femmes émancipées ont pu jouir tant dans la société grecque que dans la société romaine, ne prouvent donc que la femme non chrétienne se trouve ou se soit trouvée jadis dans une situation vraiment supérieure. Or, l'on remarquera que ces quelques cas que nous avons tenu à étudier séparément sont ceux où la physionomie de la femme non chrétienne s'accuse avec le plus de relief. Si donc notre raisonnement est admis pour ces différents types, les conclusions qui en découlent doivent être considérées comme plus vraies et plus certaines encore pour la masse des femmes antiques, placées en dehors de ces catégories, ainsi que pour la masse des femmes vivant de nos jours dans les sociétés non chrétiennes, dont l'organisation sociale peut être ramenée à celle des divers peuples anciens.

Pour terminer notre revue des « femmes supérieures » qu'on peut rencontrer en dehors du chris-

tianisme, il faudrait peut-être dire un mot de celles
qui ont été vénérées comme prêtresses, devineresses,
sibylles, pythies, etc. De tout temps, la superstition
a pris des femmes pour organes. Le phénomène est
même si général qu'on ne peut le rattacher à aucune
société particulière. Gaulois, Germains, Grecs, Romains couraient chez des femmes qui passaient pour
prédire l'avenir, comme Paris, naguère, courait
chez Mlle Couesdon. Mais ces sortes de femmes sont
si visiblement des exceptions qu'il est inutile de
s'appesantir sur ces coutumes étranges. On peut les
expliquer par une supériorité réelle, quoique bien par-
tielle, de la femme sur l'homme, celle de l'irritabilité
nerveuse. Et il est certain, au moins dans les cas
que l'on a pu observer de nos jours, que le privilège
d'être considérée comme un oracle s'achète pour la
femme aux dépens de la santé.

IV

SOLLICITUDE GÉNÉRALE DU CHRISTIANISME POUR LA
FEMME. — LE CULTE DE LA VIERGE MARIE.

Quelle impression, en définitive, doit résumer toutes
les autres, après notre rapide, mais consciencieux
examen ?

Cette impression est celle-ci : 'a femme, en dehors
du christianisme, est le plus souvent une bête de
somme ou un fétiche.

Elle est même beaucoup plus souvent bête de
somme que fétiche, et elle n'est guère plus heureuse
lorsqu'elle est fétiche que lorsqu'elle est bête de
somme.

Les exceptions, s'il y en a et s'il y en a eu, comme

on peut toujours le supposer, tiennent évidemment peu de place, car, si elles en avaient tenu une grande, les échos de l'histoire nous en auraient avertis. Nous avons vu, au contraire, que ces échos de l'histoire en sont réduits à faire sonner très haut le sort de certaines femmes qui, aujourd'hui, ne nous paraît pas merveilleux.

C'est qu'un grand événement s'est accompli dans le monde. Le christianisme a paru.

Lentement, silencieusement, sans bouleverser les mœurs, sans détruire entièrement la servitude ancienne, sans faire de la femme un être supérieur et privilégié, le christianisme a introduit dans sa condition des adoucissements et des ennoblissements incontestables. C'est ce que nous avons déjà pu remarquer, par comparaison, en rapprochant les types de femmes que nous connaissons de ceux que nous avons passés en revue. Aussi ne recommencerons-nous pas une énumération inutile, et, nous contenterons-nous d'analyser l'influence générale du christianisme, religion universelle et partout identique à elle-même dans ses principes, sur le monde féminin tout entier.

Nous avons vu ce qu'est la femme en dehors du christianisme. Voyons, comme contre-partie, ce que le christianisme, considéré dans ses enseignements essentiels, apporte à la femme.

Nous avons dit un mot, en commençant, de ces sectaires fantaisistes — les mêmes d'ailleurs qui ont inventé la légende contradictoire de la papesse Jeanne — d'après lesquels un concile aurait refusé une âme à la femme, et en aurait fait une créature d'espèce inférieure à l'homme, intermédiaire entre celui-ci et les animaux.

Le fait est historiquement faux. Nous n'avons pas

à le prouver ici. D'autres l'ont fait avant nous. Constatons seulement que le raconter était, *à priori,* d'une rare absurdité. Dès les origines du christianisme, nous voyons des femmes mises sur les autels, et honorées en qualité de saintes. Conçoit-on des saintes qui n'auraient pas eu d'âme ? Dans quel but, en outre, les femmes auraient-elles été admises, comme les hommes, à toutes les cérémonies et à tous les sacrements de l'Eglise, le sacrement de l'Ordre excepté ?

Cette exception n'a rien d'injurieux pour la femme. La personne du prêtre doit être investie de toute l'autorité possible, et les fonctions sacerdotales ont besoin d'une liberté d'allures qui cadre mal avec la réserve imposée par la nature elle-même au sexe féminin.

On ne demande pas aux femmes de servir la patrie comme soldats. C'est que cette mission ne convient pas à leur caractère, à leurs inclinations naturelles. De même, la direction spirituelle, l'exercice d'une autorité enseignante, la vie active et extérieure nécessitée par l'administration des sacrements et la défense des intérêts de l'Eglise, jure avec ces aptitudes spéciales à l'organisation de la vie intime, intérieure, dont la Providence a orné l'esprit de celles qui doivent être épouses, mères et sœurs.

Cette raison suffit amplement pour expliquer que la femme soit exclue du sacerdoce. Mais on pourrait ajouter que la participation des deux sexes à un ministère identique, dans une religion où la pureté des mœurs est mise à si haut prix, et qui proscrit, non seulement le mal, mais encore l'apparence et le soupçon du mal, n'irait pas sans de graves inconvénients.

Déjà, sous l'ancienne loi, les écrivains sacrés avaient fait, à l'occasion, un magnifique éloge de la femme. On se rappelle la peinture de la « femme forte » qui se trouve dans le *Livre de la Sagesse*, et que l'Eglise a placée dans l'office des saintes femmes. Dès la chute originelle, Dieu avait déclaré lui-même que le Serpent trouverait son ennemie dans la femme, et que celle-ci lui écraserait la tête. Les historiens ont constaté que la condition de la femme chez les Juifs, quoique encore fort imparfaite, était préférable à celle où elle se trouvait chez les autres nations. On peut voir dans le *Deutéronome* les lois qui protégeaient le mariage, et le rendaient aussi sacré qu'il pouvait l'être pour ce peuple « à tête dure ». Les figures de femmes qui nous apparaissent dans la Bible sont pleines en même temps de grâce et de dignité. De plus, comme l'observe justement le R. P. Weiss dans sa savante *Apologie du christianisme* (1), le Juif n'avait pas, pour justifier les désordres conjugaux, l'exemple de divinités immorales, semblables à celles des Grecs et des Romains. Lorsqu'il transgressait les saintes lois de la famille, il se savait en contradiction avec sa religion. Le Grec ou le Romain, au contraire, pouvait toujours dire : « Je fais comme Jupiter », la Grecque ou la Romaine : « Je fais comme Vénus ». Et ce genre de raisonnement ne dut pas être médiocrement employé, puisque nous le retrouvons, à certains endroits, dans les poètes latins.

Avec le christianisme, la dignité de la femme s'affirme encore plus nettement. Ce ne sont plus des promesses temporelles qu'apporte le Christ. Ce sont

____

(1) Traduit par M. l'abbé Lazare Collin. Delhomme et Briguet.

des promesses éternelles. Il prêche le royaume de
Dieu, et ce royaume de Dieu est promis à quiconque,
homme ou femme, observera les commandements.
Nul n'ignore la grande place que tiennent les femmes
dans l'Evangile. Jésus s'entretient avec la Samari-
taine, pardonne à la femme adultère, accepte l'hommage de Madeleine et la défend contre les murmures
des siens. Il affectionne l'hospitalité de la famille de
Béthanie. Il accueille les soins empressés de Marthe
et loue les contemplations de sa sœur. Il s'apitoie
sur la veuve de Naïm, sur les femmes pieuses qui
le suivent au Calvaire, plus fidèles que ses disciples
à ce moment douloureux. Ce sont des femmes qui
arrivent les premières au Sépulcre pour constater sa
résurrection. Enfin toutes ces attentions pâlissent
elles-mêmes à côté d'un fait capital : la naissance
mystérieuse du Rédempteur, et l'exaltation de la
Vierge Marie au-dessus de toutes les créatures.

Voilà l'idéal supérieur, sublime, inédit, que le
christianisme vient apporter à l'humanité : le culte
d'une femme extraordinairement privilégiée, Mère
de Dieu sans cesser de rester la plus pure des vierges,
élevée en dignité, non seulement au-dessus de tous
les hommes, mais encore au-dessus de tous les
anges, dont la nature l'emporte sur la nature humaine. Or, ce culte de Marie, qui est proposé au
genre humain tout entier, et qui constitue, pour tous
les fidèles quels qu'ils soient, une source de médita-
tions consolantes et un principe de nobles actions,
a évidemment plus de chance de produire des fruits
complets lorsqu'il s'adresse à la partie féminine de
cette société des fidèles, puisque la femme, en vertu
même de son sexe, a plus d'occasions d'imiter fidè-
lement la Vierge Marie.

Loin d'être négligée par le christianisme, on voit que la femme est au contraire l'objet d'attentions touchantes de la part de son fondateur. Des auteurs païens, comme Celse, ont même trouvé un sujet de raillerie dans cette sollicitude de la religion nouvelle, et accusaient les chrétiens de s'occuper surtout des femmes. La diffusion universelle du culte de Marie, la présence de ses images dans toutes les églises, l'institution de nombreuses fêtes destinées à la célébrer, fourniront désormais à la femme chrétienne, non seulement de quoi se sanctifier, mais encore de quoi se glorifier légitimement, en tant que femme, et se réhabiliter à ses propres yeux. Mais la femme peut se trouver dans plusieurs conditions. Elle peut être vierge, elle peut être épouse, elle peut être veuve. Voyons si le christianisme, non content de relever la femme en bloc, pour ainsi dire, n'introduit pas, dans chacune des conditions où peut se trouver une femme chrétienne, quelque grandeur particulière ou quelque soulagement particulier.

V

SOLLICITUDES PARTICULIÈRES DU CHRISTIANISME POUR LA FEMME. — LA VIRGINITÉ. — LE MARIAGE. — LE VEUVAGE.

La virginité n'était pas méprisée des anciens. Ils professaient même à son égard une sorte de vague et superstitieuse vénération, comme à l'égard d'une chose bien merveilleuse, et bien difficile à conserver. De virginité pour les hommes, il n'en est jamais question, et celui qui en eût parlé eût sans doute paru tenir des propos fort bizarres. Quant aux femmes,

nous voyons que les Romains ont honoré les Vesta-
les, et exigeaient des mains chastes pour entretenir
le feu sacré. Des traits analogues peuvent être re-
levés chez d'autres nations. Mais quelle comparaison établir entre ce petit groupe de jeunes filles
chargées d'une fonction officielle sous la sévère surveillance des lois, et la splendide floraison de cou-
vents qu'a vue éclore le christianisme. La virginité
sacrée n'a plus été dès lors le privilège de quelques
filles de patriciens, mais le refuge de milliers d'âmes
effrayées par les dangers de la vie ou blessées par
ses rudesses. Les jeunes filles qui ne se mariaient
pas, dans le monde antique, estimaient leur sort inférieur, dépourvu de dignité. Sophocle place sur les
lèvres de son héroïne Antigone des plaintes signifi-
catives à ce sujet. Il ne venait à l'idée d'aucune
jeune fille de se consoler de sa solitude en proclamant la noblesse de l'état de virginité.Cette noblesse,
le christianisme se hâte de la proclamer. Saint Jé-
rôme, saint Ambroise, sans parler des autres, font
de vraies campagnes en l'honneur de cet état agréable à Dieu. Non seulement des monastères ouvrent
leurs portes aux vierges qui veulent fuir le monde,
mais encore la doctrine catholique apprend à celles
qui préfèrent vieillir à leur foyer que leur virginité
constitue en elle-même un titre de gloire, un état
plus parfait que celui de l'épouse la plus heureuse,
et qui leur méritera plus tard, outre la récompense
commune à tous les élus, une couronne spéciale.
L'apôtre saint Jean, dans ses visions apocalyptiques,
aperçoit dans le ciel un cortège spécial uniquement
composé de vierges. Parmi ses saintes, l'Eglise
crée une catégorie spéciale, celle des vierges, martyres ou non martyres, et cette catégorie a le pas

sur les autres saintes femmes. Dès lors, la jeune
fille qui vieillit sans époux, même si c'est malgré ses
préférences qu'elle se trouve réduite au célibat, a de
quoi se consoler magnifiquement. Cette consolation
n'existait pas dans les sociétés antiques.Elle n'existe
pas dans les sociétés modernes qui demeurent en dehors du christianisme. Enfin, parmi les sociétés chrétiennes, c'est le catholicisme qui offre incontestablement le plus de ressources à quiconque désire garder
la virginité.Et voilà un service éminent que le catholicisme a rendu à la femme, quels que soient sa race,
son âge et son rang.

Mais, dira-t-on, cette exaltation de la vierge se
traduit forcément par une dépréciation de la femme
mariée. C'est aux dépens de celle-ci que l'on idéalise
celle-là. Il n'en est rien, et le christianisme, qui a
donné une souveraine noblesse à la virginité, a re-
haussé l'état du mariage, tout en le proclamant
moins parfait. Pour mieux marquer cette grandeur
particulière de l'institution qui assure la perpétuité
du genre humain,la loi nouvelle a fait du mariage un
sacrement, tout comme le Baptême et l'Eucharistie,
et elle a voulu que ce sacrement engendrât la formation d'un lien spécial ne pouvant se rompre que
par la mort d'un des deux époux.De tout temps, sans
doute, le mariage avait été environné de cérémonies
religieuses, qui lui procuraient une certaine solenni-
té. Il en était ainsi chez les Juifs comme chez toutes
les nations païennes. Mais un sacrement, c'est plus
qu'une cérémonie sacrée, puisque, comme nous l'en-
seigne une théologie élémentaire, c'est un signe sen-
sible qui, en vertu de son essence même, produit
une grâce spéciale. Une bénédiction de navire, par
exemple, est une cérémonie religieuse qui a sa di-

gnité, mais ce n'est pas un sacrement. Notre comparaison fait mieux saisir la différence. Avec le christianisme, le mariage monte donc d'un cran, et ce cran représente une notable distance entre le régime ancien et le régime nouveau.

C'est un fait connu, d'autre part, que le christianisme rehausse la dignité maternelle en favorisant la formation de familles nombreuses. Chose curieuse : c'est dans les régions où le plus. grand nombre de jeunes filles se font religieuses que la population augmente souvent le plus, parce que celles qui se marient ont plus d'enfants. La conception religieuse du mariage se traduit, dans l'ensemble d'une population, par une fécondité plus grande, et c'est ainsi, grâce à la vraie foi, au vrai Dieu, que, selon la parole du Psalmiste, « celle qui était stérile a le bonheur de se voir, dans sa maison, mère de nombreux enfants ».

Le mariage doit encore au christianisme deux bienfaits essentiels : la suppression irrévocable de la polygamie et l'interdiction absolue du divorce. Ces deux défectuosités sociales pouvaient, en fait, n'exister qu'à l'état d'exception, mais elles existaient, et dans des sociétés très différentes. Dans la plupart des ménages, il n'y avait qu'une seule femme, mais cette épouse unique, en bien des endroits, pouvait se dire qu'il dépendait de la volonté ou de la fortune de son mari de lui donner une ou plusieurs compagnes. De même, bien des époux ne divorçaient pas, mais, sur la tête de bien des femmes, cette menace de la répudiation était suspendue comme un danger perpétuel. Elles savaient que le divorce était possible, et elles savaient aussi que cette éventualité, presque partout, était à l'avantage du mari, puisque, sauf les rares exceptions que nous avons signalées, divorce était synonyme de répudiation. Avec le mariage chrétien, la situation est changée. Toute femme mariée sait que son époux, à moins de se mettre en dehors des lois chrétiennes, à moins de se révolter ouvertement contre l'autorité de cette Eglise à qui il a demandé de bénir son mariage, ne peut, ni lui adjoindre une compagne qui la diminuerait, ni l'abandonner pour convoler avec une autre. C'est une garantie qui a son prix. Sans doute, c'est une garantie exclusivement morale. Le mari peut être un mauvais chrétien. Il peut, sans pratiquer une polygamie officielle réprouvée par l'opinion du milieu où il vit, transgresser les lois de la fidélité conjugale. Il peut, en certains pays, user ou abuser des lois civiles qui ne concordent pas avec les lois religieuses, et faire séparer par des magistrats ce qui a été uni par Dieu. Mais il faut pour cela qu'il soit mauvais chrétien. Il faut qu'il prenne sur lui de faire acte de révolte, ce qui n'était pas autrefois. Le Turc sait qu'il reste fidèle à la loi de Mahomet en prenant plusieurs épouses. Le Romain et le Grec savaient qu'ils n'étaient pas en faute en renvoyant les leurs, et en les priant d'aller se débrouiller comme elles pourraient. Aucun scrupule fondé sur la crainte de désobéir à une loi religieuse ne pouvait les retenir. Le christianisme, en créant, par la double interdiction dont nous parlons, une nouvelle barrière morale, a procuré à l'épouse un incontestable surcroît de sécurité.

C'est à ces deux institutions positives, unité et indissolubilité du lien conjugal, qu'il faut toujours en revenir lorsqu'on recherche l'influence du christianisme sur la femme mariée, c'est-à-dire sur la majo-

rité des femmes, sur celles qui suivent la vocation
normale. Ces deux caractères du mariage sont bien
d'ordre religieux, puisque la religion catholique,
fidèle en cela à son titre d'universelle, les impose à
tout mariage, en quelque région ou en quelque milieu
social qu'il soit célébré, quels que soient les préjugés,
les coutumes, les traditions, les lois locales hostiles
à ses propres prescriptions. Nul polygame ne peut se
convertir au catholicisme sans accepter cette inno-
vation dans sa manière de vivre, et, par suite, nulle
famille polygame ne peut passer de l'erreur à la vérité sans éprouver, par contre-coup, un relèvement
social.

Mais le lien conjugal, avons-nous dit, peut toujours être rompu par la mort de l'un des deux époux.
Si c'est le mari qui meurt — ce qui est le cas le plus
fréquent — que devient la femme ? Le christianisme
a-t-il pensé au veuvage, et qu'a-t-il fait pour relever
cet état ?

En passant en revue les diverses conditions de la
femme dans les sociétés non chrétiennes, nous avons
surtout considéré l'épouse. C'est que l'épouse est la
seule espèce de femme qui compte ordinairement
dans ces sociétés. Nous avons dit que l'opinion considère comme fâcheux le sort de celle qui ne trouve
pas d'époux. Quant à la veuve, sa condition devient
misérable. La mort de son époux ne lui apporte pas
seulement de l'affliction, si elle aime ce dernier, mais
encore une diminution aux yeux du monde. Il est
des pays où l'on ne sait plus qu'en faire, et où son
entourage ne voit pas de meilleur expédient que de
l'envoyer rejoindre son mari. On connaît à ce sujet
les mœurs séculaires des Hindous, dont les Anglais,
non sans peine, ont fini par conjurer la barbarie, et

l'usage des Incas, au Pérou, de se faire enterrer
avec leurs femmes. Plus souvent, la veuve rentre
simplement sous la tutelle de son père, de ses frères,
parfois même de son fils. Nous voyons, dans l'*Odys-
sée*, Télémaque commander impérieusement à sa
mère supposée veuve, et, dans l'*Iliade*, ce n'est pas
seulement par amour d'Hector qu'Andromaque sup-
plie son mari de ne pas s'exposer aux coups d'Achille.
C'est encore parce qu'elle prévoit très bien que, privée
de cet époux, elle ne pourra plus rien pour son fils, et.
que le seul nom d'orphelin constituera pour ce dernier
une déchéance. C'est cette déchéance que le christianisme s'efforce de prévenir dès sa première diffusion. Une des principales œuvres de charité recom-
mandée aux fidèles est la visite des veuves et des
orphelins. Cette œuvre paraît même primer à tel
point toutes les autres que l'apôtre saint Jacques fait.
allusion à elle seule lorsqu'il veut résumer en quelques mots les caractères de la vraie piété : « La piété
pure et sans tache aux yeux de Dieu notre Père,
dit-il, consiste à visiter les orphelins et les veuves
dans leur affliction, et à se préserver de la corruption
du siècle présent. » Et cette pratique a été longtemps
en honneur. C'est devenu un badinage classique
que d'appeler les avocats les défenseurs de la veuve
et de l'orphelin. Ce badinage n'existerait pas s'il n'y
avait pas eu, pour lui donner naissance, de vraies
coutumes charitables, et, si ces coutumes semblent
avoir perdu aujourd'hui de leur importance, cela tient
surtout à ce que le sort de la veuve, dans nos sociétés
chrétiennes, s'est insensiblement amélioré.

 Mais toutes les veuves ne sont pas pauvres, faibles,
sans défense. Il en est qui, au lieu de réclamer les
secours d'autrui, ont prêtes à secourir les autres,

et peuvent se vouer d'autant plus facilement aux
œuvres charitables que leur condition, dans le cas
où les enfants manquent ou sont déjà établis, leur
donne plus de loisirs. Dès ses débuts, le christianisme
a su transformer nombre de veuves en ministres de
charité. De toutes les femmes, la veuve est celle qui
peut se consacrer le plus facilement aux œuvres ex-
térieures. Elle a non seulement plus de liberté, mais
plus d'expérience, ce qui la préserve mieux de certains
périls, et lui permet d'adapter plus parfaitement les
genres de secours aux catégories de misères. Mais pour
que la veuve se trouve investie de ce rôle, il est indis-
pensable que ses démarches puissent être inspirées
par la charité, et c'est le christianisme qui a introduit la charité dans le monde. Cette charité, en ce
qui concerne les veuves, fait donc coup double. Aux
veuves que l'on secourt, elle procure des soulage-
ments et des consolations que, sans le christianisme,
les pauvres femmes n'auraient jamais connus. S'agit-
il des veuves qui peuvent secourir ? la charité rehausse leur importance en remettant entre leurs
mains une sorte de juridiction douce et bienfaisante
sur les maux et les besoins de l'humanité. Si la
vierge chrétienne, au point de vue du mérite, a
toujours été placée au-dessus de la femme mariée
et de la veuve, celle-ci, en revanche, au point
de vue de la hiérarchie temporelle et du concours
visible prêté aux ministres de Dieu, a toujours
tenu le premier rang. Ce qui se rapproche le
plus du sacrement de l'Ordre, dans l'Eglise, c'est
la mission de la veuve chrétienne. L'intervention de
celle-ci devenait même nécessaire, dans la primitive
Eglise, pour le baptême des femmes adultes et pour
l'apostolat intime dans les familles, apostolat que des
hommes, exclus de bien des foyers par une surveil-

lance soupçonneuse et jalouse, ne pouvaient pratiquement exercer. De là certaines expressions, comme celle de *diaconesses*, qui donnent l'illusion d'un ministère quasi-ecclésiastique, et qui se trouvaient justifiées par l'importance des fonctions dévolues à ces pieuses matrones, dont l'Eglise a placé un bon nombre sur les autels, et auxquelles, dans ses litanies des saints, elle accorde une mention particulière.

De nos jours, l'état des mœurs rend moins essentiel peut-être ce concours apporté au sacerdoce par la viduité chrétienne, mais ce concours n'a pas cessé pour cela. Il se serait plutôt généralisé. Si l'on examine la plupart des « œuvres de dames », on y trouvera sans doute des femmes prises dans toutes les conditions de la vie. Il s'y trouve des femmes mariées, des jeunes filles, des filles plus âgées, et enfin des veuves. Mais les femmes mariées, par la loi même de l'Eglise, se doivent à leur mari, même lorsqu'elles n'ont pas d'enfants, et ce devoir rétrécit le cercle de leurs loisirs. Si elles ont des enfants, un rôle actif dans les œuvres n'est pas leur fait. Elles ne peuvent y prendre qu'une part intermittente et secondaire. Les jeunes filles sont précieuses, mais il est bien des démarches qu'on ne peut leur permettre, à cause de leur inexpérience de la vie. Les filles plus âgées sont évidemment plus libres et elles représentent souvent l'élément le plus actif des œuvres chrétiennes. Toutefois, même en tenant compte du zèle déployé par ce dernier contingent et de l'expérience considérable qu'il peut acquérir à la longue, le seul fait d'avoir dirigé un ménage et de s'être mesurées de plus près avec les difficultés de la vie donne, aux veuves libres de leur temps, une sorte de prestige et d'autorité morale dont on ne trouverait pas l'équivalent en dehors de ces organismes spéciaux créés par la charité chrétienne.

Du reste, ce que nous disons de la veuve, au point de vue du relèvement social procuré par le christianisme, nous le disons aussi de la « vieille fille » demeurée dans le monde et vouée volontairement à quelque noble mission. A celle-là aussi le christianisme ouvre des horizons, fournit un but. La vieille fille qui se dévoue est une vieille fille qui monte en grade. Or, nul ne conteste que le christianisme a ouvert dans le monde de nombreuses sources de dévouement.

VI

POURQUOI LE RELÈVEMENT DE LA FEMME
N'EST PAS COMPLET.

Sur toute la ligne, le christianisme a donc relevé la femme. Son influence n'est pas allée cependant jusqu'à la mettre, au point de vue social, sur le même pied que l'homme, et il y a de cela deux raisons. La première dérive de la nature même de la femme, des particularités qui la différencient physiquement et intellectuellement de l'homme, et qui lui assignent, dans la répartition des tâches humaines, un certain nombre de fonctions tout à fait à part, au nombre desquelles ne figure pas la fonction directrice, mieux appropriée au caractère et au tempérament masculins. La seconde raison, c'est, nous l'avons dit, que le christianisme a pour but immédiat et essentiel la sanctification individuelle, et que l'amélioration des institutions sociales ne vient qu'en seconde ligne dans ses préoccupations. Voilà pourquoi il serait facile à un observateur qui passerait en revue les femmes des diverses sociétés chrétiennes de signaler de sensibles inégalités dans leur condition, selon les pays ou même selon les régions d'un même pays. Il est des milieux chrétiens où la femme apparaît encore très inférieure à l'homme, où le mari est assez porté à la considérer comme une servante, où les hommes, par exemple, dînent seuls à la table de famille, servis par leurs femmes ou par leurs sœurs, qui s'accommodent ensuite des restes. Cela n'est pas du dernier galant, nous en convenons, et il ne faut pas craindre de regarder en face ces faits qui semblent fâcheux au premier abord pour notre thèse, mais qui s'expliquent très bien si l'on a soin de « remettre au point », comme nous avons essayé de le faire plus haut, l'influence réelle du christianisme. Ces faits prouvent que les familles en question ont gardé, en devenant chrétiennes, bien des habitudes qui la caractérisaient précédemment. C'est surtout dans les familles rurales que se rencontre cette persistance des traditions bonnes ou mauvaises. Nul n'ignore que les paysans ont été les derniers à se convertir au christianisme, et que le nom même de païens provient de ce que le culte des faux dieux, à un certain moment, ne subsistait plus que chez les habitants des campagnes, *pagani*. Ces mêmes campagnards, malgré une quarantaine de générations chrétiennes qui se sont succédé au même foyer, demeurent fidèles à bien des superstitions, à bien des préjugés. Quinze siècles et plus de christianisme n'ont pu déraciner chez eux la croyance aux sorciers, aux mauvais sorts, aux tireuses de cartes, aux somnambules. On s'explique dès lors que bien des idées, relatives à l'organisation même de la famille, ainsi qu'aux rapports de ses divers membres, se soient perpétuées automatiquement, en vertu de l'impulsion acquise, atténuées d'ailleurs dans leurs effets par ces mêmes correctifs qui, durant longtemps, ont rendu supportable l'esclavage. Pour juger équitablement de ce phénomène, il ne faut pas comparer l'état actuel de ces familles avec ce qu'elles seraient si elles s'étaient pénétrées davantage de l'idéal du christianisme. Il faut songer à ce qu'elles seraient, à quel cran bien inférieur le paganisme les aurait immobilisées, si elles n'avaient pas joui des bienfaits de la civilisation chrétienne.

Toutes les fois qu'un phénomène présente un mélange de bien et de mal, il y a lieu de se demander, en effet, si la proportion même n'est pas un progrès sur une proportion antérieure, et s'il ne faut pas rendre grâce à des causes bienfaisantes qui empêchent la place du mal d'être encore plus étendue qu'elle ne l'est. Nisard, à propos du xviii° siècle, observe que l'on se rend très facilement compte des désordres que le christianisme n'a pas empêchés dans cette société où la note dominante fut la note corrompue et frivole, mais que bien peu ont eu l'idée de se représenter dans quel abîme plus profond d'ignominie morale elle aurait pu rouler si le christianisme n'avait pas été là pour atténuer l'effet des causes corruptrices. En d'autres termes, on voit le mal que la religion ne supprime pas. On ne voit pas celui qu'elle supprime, et cela pour une raison bien simple, c'est qu'il est supprimé. Il y a là une vérité élémentaire, mais qu'il n'est pas inutile de rappeler, car elle est de celles qui s'oublient le plus aisément.

De même, il est certain que le respect de la femme qui caractérise la chevalerie et les mœurs chevaleresques, a souvent dégénéré en ridicule affectation. Il suffirait de rappeler le langage usité au XVIIe siècle dans la conversation avec les femmes, et dans les vers qu'on leur adressait. Rendre hommage à une dame, c'était l'assurer du pouvoir de ses yeux, l'accuser de tyrannie sur un cœur, se proclamer heureux de servir dans ses fers. Le terme de « maîtresse », qui avait un sens noble aujourd'hui perdu, témoigne du désir qu'avaient les hommes de persuader les femmes de leur supériorité. On croirait, au premier abord, et en ne jugeant que par les apparences, que la situation respective des deux sexes était renversée. Au fond, il n'y a là que l'exagération puérile d'un sentiment d'origine chrétienne. Le bien y coudoie l'abus. Respecter la femme, la protéger, lui céder le pas, lui accorder des places d'honneur, compenser les désagréments que lui attire sa faiblesse physique par des attentions particulières qui lui évitent une fatigue ou un effort, voilà bien des procédés, des habitudes de vie dont l'antiquité n'offre guère l'exemple. La griffe chrétienne est là. L'on sait d'ailleurs quel culte les chevaliers, champions des dames, rendaient à celle qu'ils appelaient par excellence « Notre Dame », et quelle impulsion ce dévouement pour la Vierge donnait à leurs autres dévouements. Mais à côté du bon grain germait l'ivraie. Exalter la femme jusqu'à en faire une déesse, une créature supérieure à l'homme, et inventer dans ce but mille expressions de mauvais goût, voilà la part du mal, celle de la frivolité, celle de la passion, c'est-à-dire la part d'éléments qui s'éloignent du christianisme et nous ramènent à cette Grèce de Périclès ou à cette Rome de la décadence où quelques femmes privilégiées, traînant sur

leurs pas des troupes d'adorateurs, n'échappaient à
la condition de bêtes de somme que pour tomber
dans la condition de fétiches.

Ces égards, accompagnés ou non de fadeurs, ne
satisfont plus d'ailleurs beaucoup de femmes d'aujourd'hui. Nous en avons la preuve dans ce mouvement féministe auquel nous faisions allusion au début de cette étude, et qui poursuit désormais des
avantages plus positifs. Nous n'avons pas mission
de traiter ce grave sujet. Il nous reste toutefois à en
dire un mot, en tant qu'il se rattache au nôtre.

Il y a d'ores et déjà deux nuances bien tranchées
dans le féminisme : le féminisme révolutionnaire et
le féminisme chrétien. Les champions du premier
veulent un véritable bouleversement social au profit
de la femme, et l'abolition de toute distinction sociale
entre deux sexes que la nature a cependant
voulu distinguer. Les féministes chrétiens demandent
seulement la suppression de certains abus sociaux
ou légaux qui paralysent l'action de la femme en des
circonstances bien déterminées où il serait équitable
de lui laisser, comme à l'homme, ses coudées franches.

« L'assistance de la femme par la femme, dit
Mme de Rochay, mieux entendue, mieux organisée
encore, plus conforme aux nécessités actuelles ; une
sage réforme dans l'éducation féminine, du haut en
bas de l'échelle sociale ; la participation plus agis-
sante, plus complète de la femme des classes élevées
au mouvement social de notre époque, son initia-
tion plus sérieuse aux grandes questions agitées
en ce moment : ce serait le véritable féminisme, le
seul efficace, car ce serait le féminisme chrétien (1). »

(1) *La Question féministe*, par le P. Augustin Rosler, traduction
de J. de Rochay. Introduction, page xxiv.

Il est permis de croire, en effet, que tout n'est pas fini dans cette œuvre du relèvement de la femme où nous avons essayé de marquer l'influence du christianisme, mais sans en contester la lenteur. Nos codes refusent sans motif à la femme des droits qu'ils accordent à l'homme. Dans l'ordre économique, il est incontestablement des métiers dont l'entrée peut, sans inconvénient, être ouverte aux femmes, bien que, jusqu'ici, on ne les y ait jamais vues. Il y a certainement, dans la condition actuelle de la femme chrétienne, des *résidus* de l'esclavage ancien, résidus assez minces, grâce au christianisme qui s'est infiltré progressivement dans les mœurs, mais qui peuvent être gênants tout de même, plus gênants même aujourd'hui qu'autrefois, par suite de la transformation du travail, de l'instabilité des patrimoines, des révolutions industrielles qui ont diminué l'importance des ouvrages de couture ou autres accomplis jadis au foyer par la partie féminine de la famille, par suite encore des progrès de l'instruction, des débouchés nouveaux offerts par de nouvelles professions aux aptitudes féminines, bref, d'une foule de phénomènes qui ne troublaient pas le repos de nos arrière-grand'mères, encore moins celui des femmes du moyen âge. Ce sont les événements nouveaux qui enfantent les revendications nouvelles, et, lorsqu'on pense, après l'avoir longtemps négligé, à réclamer un droit que l'on n'a pas, c'est que l'on commence seulement à en ressentir vivement l'absence. Sinon, on peut être très heureux sans s'apercevoir qu'il vous manque un droit, de même qu'un pianiste ne s'apercevra qu'une touche du piano est fausse que s'il doit la toucher dans l'exécution de son morceau. On cite des cas d'esclaves affranchis par de bons maîtres, et fort embarrassés du cadeau que leur faisaient ceux-ci. La liberté, à quoi cela servait-il ? La sécurité leur suffisait, et, n'en déplaise aux philosophes, ils n'éprouvaient pas le besoin de proclamer leur personnalité indépendante de la personnalité d'autrui.

Le féminisme, comme tant d'autres « courants », est donc un produit de l'état social contemporain. Il a pour point de départ de nouvelles conditions économiques (1), et aura pour résultat, si les influences malsaines ne prennent pas le dessus, un nouveau progrès dans le sens de la réhabilitation de la femme conformément à l'idéal chrétien. Au cours de la campagne désormais ouverte, le rôle de la religion sera de rendre plus raisonnables et par là même plus acceptables, tant aux yeux des hommes qu'à ceux des femmes de bon sens, les revendications énoncées. Or, c'est hâter et faciliter une réforme que de l'alléger de toutes les exagérations qui pourraient effaroucher le gros du public, et faire englober dans la même défaveur les demandes qui sont justes et celles qui ne le sont pas. Les féministes chrétiennes, qui demandent peu, ont plus de chances d'obtenir que les féministes révolutionnaires, qui demandent beaucoup. Si le progrès se réalise, celles-ci y auront moins collaboré que celles-là.

Il est du reste probable que la condition de la femme demeurera fort variable selon les pays, tant dans le monde chrétien que dans le monde non chrétien. Cela tient, avons-nous dit, à bien des causes où la religion n'est pour rien, mais, plus nous allons, plus tend à s'accentuer, en raison même des nou-

____

(1) Voir dans la *Science Sociale* (Février 1898), l'excellent article sur le Féminisme, de M. V. Muller.

velles conquêtes de la femme, la distance qui sépare la moyenne des femmes chrétiennes de la moyenne des femmes non baptisées. C'est cet ensemble, répétons-le, qu'il ne faut jamais perdre de vue dans une question de ce genre. Cette question, nous l'avons traitée sommairement, et en négligeant forcément bien des détails qui, dans une étude de plus longue haleine, auraient eu leur prix ; mais on nous rendra cette justice que nous avons fui la déclamation et les lieux communs autant que nous l'avons pu.

Certes, bien des faits ont disparu, pour n'avoir pas été enregistrés par l'histoire. Bien d'autres sont inaccessibles à l'observation. Bien d'autres, enregistrés quelque part on ne sait où, ne parviennent pas à la connaissance de tous ceux qui auraient intérêt à en prendre note. Malgré tout, nous pensons qu'un homme loyal, après une revue des principales sociétés non chrétiennes où la situation de la femme se révèle invariablement comme plus ou moins déchue, et après l'analyse des procédés généraux mis en œuvre par le christianisme pour relever plus ou moins la situation de la femme dans les divers milieux où celle-ci a pu se trouver soumise à son action, nous pensons, disons-nous, que cet homme loyal reconnaîtra qu'un grand pas a été fait, et que le christianisme est au moins une des principales forces qui ont déterminé l'humanité féminine à faire ce grand pas. Nos mères, nos femmes, nos sœurs, nos filles, et aussi nos vieilles tantes célibataires si nous en avons, ont, indépendamment de toute considération tirée de la vie future, à se féliciter d'être nées dans une société chrétienne au lieu d'être nées il y a deux mille ans, ou d'être nées à deux mille lieues d'ici, dans un pays musulman, bouddhiste ou sauvage. Elles connaissent mieux ce qu'elles valent, et leur entourage le sait mieux aussi. Leur existence, en un mot, comporte une dose de liberté et de dignité qu'on y chercherait vainement si une voix ne s'était élevée, il y a dix-neuf siècles, pour déclarer à une vierge de Judée qu'elle était « bénie entre toutes les femmes ». C'est tout ce que nous voulions démontrer.

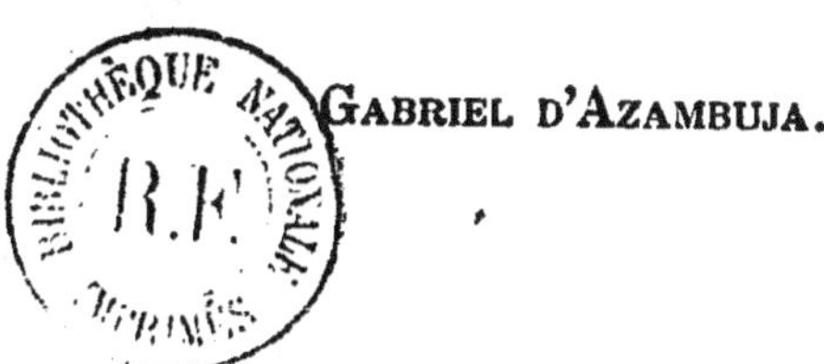

GABRIEL D'AZAMBUJA.

TABLE DES MATIERES

833-09 — Imprimerie des Orphelins-Apprentis d'Auteuil, D. Fontaine, 40, rue La Fontaine, Paris

www.ingramcontent.com/pod-product-compliance
Lightning Source LLC
Chambersburg PA
CBHW051129050726
47594CB00003B/1017